D0891336

# NE MEURS PAS

*La plus haute forme de l'espérance,*
*c'est le désespoir surmonté.*

Georges Bernanos

# Andrée **Quiviger**

# Ne meurs pas

SUICIDE **ACTION** MONTRÉAL

Bayard
CANADA

© 2008 Bayard Canada Livres

ISBN 978-2-89579-233-8

Dépôt légal 3<sup>e</sup> trimestre 2008 : Bibliothèque et archives nationales du
Canada ; Bibliothèque et archives nationales du Québec

Direction : Jean-François Bouchard

Couverture, conception graphique et mise page :
Mardigrafe

Photo couverture : Crestock

*Les données de catalogage avant publication sont disponibles
sur le site Internet de Bibliothèque et archives nationales
du Canada :* www.collections**canada**.gc.ca

Bayard Canada Livres

4475, rue Frontenac

Montréal (Québec) H2H 2S2

Canada

Nous reconnaissons l'aide financière du gouvernement
du Canada par l'entremise du Programme d'aide au
développement de l'industrie de l'édition (Padié)
pour nos activités d'édition.

Bayard Canada Livres remercie le Conseil des Arts du Canada
du soutien accordé à son programme d'édition dans le cadre
du Programme de subventions globales aux éditeurs.

Cet ouvrage a été publié avec le soutien de la SODEC.

Gouvernement du Québec – Programme de crédit d'impôt
pour l'édition de livres – Gestion SODEC.

Imprimé au Canada

# INTRODUCTION

Chaque sonnerie nous met en alerte.

— *Suicide Action Montréal…*

Deux prénoms s'échangent. Quels que soient les mots, quel que soit le ton, il sera question d'une vie qui vacille au bord d'une falaise.

— *Elle m'inquiète beaucoup…*

Sa sœur s'est enfermée dans un silence noir. Personne ne sait comment l'atteindre. À son insu, des paroles se disent en ce moment au téléphone pour ouvrir des pistes à ce qui lui reste de souffle, contrer la chute, l'épauler envers et contre tout.

Ou encore :

— *La corde est installée.*

Un pied déjà dans le vide. La souffrance inonde chacune de ses respirations. Le courage d'appeler tout de même. Nous allons nous parler.

Ou encore :

— *Depuis le suicide de mon fils, la vie n'a plus de sens.*

L'entourage souffre intensément.

Dans un moment de crise, un échange téléphonique peut avoir des effets salutaires, comme il peut tourner à vide ou se poursuivre secrètement dans l'oreille intérieure de l'appelant. À Suicide Action Montréal, les fruits de notre travail ne sont que rarement clairs. Nous ne sommes finalement qu'une espérance lancée dans le mystère des autres. Notre voix s'offre en guise d'épaule, et les mots que nous choisissons ne seront jamais qu'une présence, humble infiniment. Mais quoi que nous disions, notre message fondamental est toujours le même : *ne meurs pas*

Ce petit ouvrage a pour but de dépasser les limites d'une rencontre téléphonique, mais il en recèle d'autres : je parle toute seule à un lecteur potentiel dont je ne saurai probablement jamais rien. Bien qu'il soit impossible de faire d'un livre un véritable dialogue, l'éditeur a bien voulu laisser des espaces libres au cas où une lectrice ou un lecteur voudrait y ajouter de son crû : une objection, une réaction, un souvenir réveillé, un mot qui a frappé, une colère remontée, un commentaire. Des espaces libres pour, au mieux, ouvrir des petites brèches à l'espérance. Des trous dans le roc. N'est-il pas étonnant que les colombes nichent dans le flanc des falaises ?

# POURTANT!

Un désordre excessif agite les tréfonds. Cent fois par jour, des dragons se réveillent et lancent leur venin d'un bord à l'autre de la conscience. Le nord se perd et emporte les sens de la vie. Ce qui souffre échappe à l'œil : ni plaie, ni tumeur, ni cassure à soigner. Aussi absolue que vague, la détresse ne dispose pas de vocabulaire et confond d'autant l'entourage. Les chimies soulagent certes, mais à corps défendant. La vitalité s'éteint et la tristesse isole. *Mon cœur est un jardin de givre*[1] et le soleil dehors, une douleur de plus.

Pourtant! Même quand l'âme étouffe, le souffle ne s'éteint pas de lui-même. J'écris au souffle persistant. J'écris pour fraterniser.

C'était l'automne mais je ne m'en rendais pas vraiment compte. Réfugiée dans un petit appartement mal chauffé d'un quartier gris, je piétinais dans une rupture dévastatrice. Un matin, au réveil, je me sentais si dépourvue de tout et l'idée d'en finir était si puissante que, pour la première fois, je me suis désistée d'une réunion prévue. Voir du monde

---

1. Émile Nelligan, *Soir d'hiver.*

ou être vue risquait de me faire éclater les ar-
tères. Tout cela reste bien difficile à décrire. En
fait, j'avais atteint le bout du rouleau. Je me souviens de m'être assise par terre et de m'être ap-
puyée dans l'angle d'un mur. Instinctivement.
Comme pour toucher du bois franc et coller mes
épaules à du solide. Puis, j'ai fermé les yeux.
Noyée dans un silence noir, je me suis pour ainsi
dire mise en attente. Pas de radio, pas de télé,
que les bruits ambiants dont le chant matinal de
quelques moineaux. Une respiration après l'autre, je consentais à n'être qu'impuissance et douleur vive. Pauvre de tout. J'ai prononcé, je me
souviens, le mot « pauvre » dans ce qu'il me restait de conscience. Puis à un moment donné,
quelque chose de bienfaisant m'a traversée
comme un éclair. Il y avait de la liberté dans
cette absence-de-tout, et je l'ai perçue. Un éclair,
vraiment. Dont je me souviens encore. Pendant
un court instant, une once de vie était entrée en
moi. Je ne me sentais pas davantage capable de
rejoindre mes collègues à la réunion, mais j'ai
ouvert le livre qui m'avait fait le plus de bien
dans ma vie récente et j'ai relu l'un des passages
soulignés. Je pouvais réentendre son message
parce que j'avais taillé une toute petite ouverture
à l'intérieur. Un auteur, ce matin-là donc, m'a
doucement tapé sur l'épaule. Un frère lointain,
défunt peut-être, m'inspirait. Maintenant, je sais

que j'avais posé l'un des seuls gestes salutaires encore possibles[2].

À bien des égards, il est difficile d'atteindre les personnes qui pensent au suicide. Des centaines d'intervenants bénévoles ou professionnels essaient d'y parvenir et des milliers de proches s'efforcent de les soutenir d'une manière ou d'une autre. Malgré la limite des mots, j'ajoute mes écritures au cas où elles puissent servir d'épaule. On ne sait jamais. En tout cas, s'il n'y a pas de parole pour les déprimés, je veux bien me taire tout à fait jusqu'à ma fin.

Sachez d'abord tout le respect que mérite votre souffrance. On éprouve une compassion sans borne envers un cancéreux en phase terminale et c'est bien naturel. Mais la dépression, au contraire, fait souvent fuir les autres, même les plus proches, sinon surtout ceux-là. Pourtant, la douleur psychique si impalpable soit-elle n'en est pas moins lancinante et destructrice. Une maladie mortelle assurément dont j'ai la certitude qu'elle n'est pas incurable malgré la profondeur de l'abîme où elle conduit certains.

---

2. Dans son livre, *Guérir*, David Servan-Shreiber décrit un exercice de respiration qui favorise la rééquilibration entre les parties émotive et rationnelle du cerveau. Quand j'ai pris connaissance de ce passage neuf ans plus tard, j'ai compris ce qui s'était alors produit, et combien cette réappropriation du souffle dans les moments de crise a quelque chose de parfaitement naturel. (Robert Laffont, Pocket, 2003, p. 77 à 79).

Une première sonnerie se fit entendre ce vendredi matin alors que je terminais ma formation. L'homme pleurait tellement que les mots semblaient se noyer au fur et à mesure ; mal à l'aise, je le faisais constamment répéter.

— *Ai-je bien compris que vous pensez vous suicider aujourd'hui ?*
— *Oui.*
— *Ai-je bien entendu que vous avez un bébé à la maison ?*
— *Oui. Ma corde est quand même déjà installée.*
Il a interrompu la communication. J'ai pu rappeler. Quelqu'un venait d'entrer. Avec sa permission, j'ai parlé à cette personne qui allait le soutenir ce jour-là. Je n'ai jamais su si ce jeune père a tenu le coup, et je continue ma route avec des pleurs d'homme collés à ma mémoire[3].

Je veux vous dire que tenir le coup envers et contre tout reste possible même quand on n'y croit pas. C'est tragique qu'on ne sache pas exactement comment vous aider. On médicamente votre

---

3. Tous les exemples puisés dans l'expérience d'intervention téléphonique sont authentiques. Cependant, en plus de changer les noms le cas échéant, quelques détails ont été modifiés afin de protéger la confidentialité.

mécanique cérébrale et c'est certainement nécessaire mais les vertus d'une molécule ne suffisent pas toujours à compenser la faille qui vous fragilise. Vous avez peut-être à votre insu sombré dans un drame ancien que votre mémoire n'a pas retenu bien qu'il dévore une à une vos énergies disponibles. La plupart d'entre nous, à un moment ou un autre, avons besoin de retracer de vieux noeuds énergivores sous l'œil vigilant et alerté d'un professionnel. Dans votre cas, il s'agit probablement d'une urgence à laquelle il n'est pas sûr que vous puissiez répondre pour des tas de raisons. Et même si l'on vous soigne dans une officine de la psyché, vous avez sans doute besoin d'une épaule solidaire qui pourrait prévenir votre chute quand vous sentez fléchir votre dernier courage. Quelle épaule ? Peut-être avez-vous peur d'être trop lourd à soutenir, de déranger ou de déteindre sur l'âme de l'autre. Il arrive incidemment que certains vous fuient parce que ce qui somnole dans vos propres fonds menace leur équilibre vacillant. La déprime est parfois contagieuse. Elle tire sur nos plus redoutables ficelles. N'avons-nous pas tous un désordre caché quelque part dans une pliure étanche ? Certains disposent de pliures plus étanches que d'autres. C'est une question de mesures défensives et certains se défendent mieux que d'autres. C'est une question d'espérance aussi. Et rien n'est plus lointain dans notre histoire que cette acquisition sur laquelle je reviendrai plus loin. Car l'espérance fondamentale ne dépend pas de nous, elle s'est élaborée en plus ou en moins contre le sein maternel, dans la proximité d'un père et à même les bienfaits de la nature à notre égard. C'est un fruit de nos premières années, de nos premières amours et beaucoup d'adultes échouent à le transmettre aux bébés de leur chair parce qu'eux-mêmes n'en ont pas goûté les premières saveurs. L'espérance peut se rattraper, cependant, au fil d'heureuses expériences, de rencontres significatives, d'événements qui rassurent et d'amours qui guérissent. De l'or pur les amis qui croient en nous envers et contre tout. Plus l'or est pur, moins il est rigide.

L'appelante m'annonce au téléphone qu'elle va se suicider le soir même. Elle a minutieusement préparé tous les papiers administratifs, choisi son moyen, déterminé l'heure, mais elle veut néanmoins parler à quelqu'un auparavant. Elle expose froidement les raisons de son suicide et, effectivement, la charge de ses malheurs n'est pas banale. L'interrogeant sur son passé, j'apprends qu'elle occupait un poste important dans une grosse entreprise où elle déployait une grande générosité envers tout un chacun. Je lui demande si elle a des amis.

– Oui. plusieurs.

– Sont-ils au courant de votre détresse actuelle ?

– Non.

– Comment s'appelle votre meilleur(e) ami(e) ?

– Jeanne.

– Lui avez-vous dit que vous pensiez au suicide ?

– Bien sûr que non. Je ne vais pas la charger de ça quand même.

– Admettons que Jeanne se suicide et que vous n'ayez jamais entendu parler de sa détresse, quelle serait votre réaction ?

– Je m'en voudrais pour le restant de ma vie.

– Vous vous en voudriez de quoi au juste ?

– De n'avoir pas été assez à la hauteur pour qu'elle pense m'appeler.

– Ah !

– Bon ! Bon ! C'est pas mal « cute » ça.

– Vous me disiez tout à l'heure que dans l'entreprise, vous aidiez tout le monde, que vous étiez une vraie Mère Teresa...

– Oui, oui. J'aidais trop d'ailleurs, c'était presque un défaut.

– La mère Teresa, elle est toujours en vous, même si ce n'est pas elle qui parle le plus fort ce soir.

(Rires)

– Qu'est-ce qu'elle vous dirait, tout de suite pour vous venir en aide ?

(Rires étouffés)

– Vous lâchez pas le morceau, vous !

— *Non, je ne lâcherai pas. Aimeriez-vous que je répète la question ?*

— *Non… Écoutez, je vais me laver les cheveux, je vais appeler Jeanne et lui demander de venir souper au restaurant avec moi.*

— *C'est une promesse ?*

— *Oui, oui, c'est une promesse.*

Nous avons poursuivi l'échange pendant un moment. Et quand j'entendais rire Mère Teresa au bout du fil, se confirmait mon assurance que la promesse allait être tenue.

À tout prix, cherchez une épaule, une oreille, en tout cas une présence solidaire. Ce peut être, au mieux, une personne en chair et en os, mais aussi un livre, un disque, une voix au téléphone. Vous y avez droit plus que jamais. Aujourd'hui, c'est vous qui êtes pauvre d'espérance, demain, quelqu'un d'autre pourrait bénéficier de vos propres surplus, et peut-être avez-vous été, un jour ou l'autre, le secours ou le soutien d'un enfant, d'un frère, d'une amie, d'un collègue, d'un grand-père. C'est une question d'échanges. Notre existence se déroule dans un réseau d'échanges invisibles. Cette grand-mère use ce qui lui reste de pupilles à tricoter des chaussons pour son petit-fils, mais quand le bébé se détend dans ses bras rhumatoïdes, elle frémit d'allégresse. On n'a pas idée des vertus de l'échange et on a le droit absolu de se laisser

porter quand on ne se supporte plus[4]. Il arrive souvent qu'on soit aidés par des cliniciens dont le
nom de la profession commence par « psy ». Là
aussi, vous avez le droit absolu d'être aidé adéquatement et de vous plaindre à qui de droit si la
ressource ne vous semble pas adéquate.

---

4. Antoine de Saint-Exupéry évoque puissamment cette sorte d'échanges invisibles dans *Citadelle*, éd. NRF, 1948.

# PSYCHÉ VEUT DIRE « ÂME »[5]

Assis dans un grand fauteuil de cuir, il n'ouvrait pas la bouche et fixait une figurine qui séparait deux rangées de livres dans la bibliothèque. L'intervenant se taisait, lui aussi, après l'avoir gentiment invité à s'asseoir en demandant : « Comment ça va ? »

Il aurait peut-être mieux valu lui dire par exemple : « Le ciel est tout bleu aujourd'hui. » L'homme aurait pu répondre : « Je n'ai pas remarqué » et le fait d'avoir ainsi ouvert la bouche à propos d'une chose aussi vaste que le ciel eût peut-être détourné son regard de la figurine et enclenché une rencontre.

– *Si vous n'avez pas remarqué le ciel, sur quoi votre attention s'est-elle arrêtée pendant le trajet jusqu'ici ?*

---

5. Le terme « psyché » vient du grec *psukhê* ; il est employé depuis 1842 pour désigner une part de nous-mêmes difficile à circonscrire et souvent appelée l'« âme ».

L'homme aurait réfléchi et se serait peut-être rappelé cette brève scène de l'enfant qui poursuivait un chiot dans le parc d'en-face. « C'est sans importance ! », aurait-il ajouté parce qu'il s'attend à des questions sur sa psyché qui baigne dans un magma de vides. Son regard serait aussitôt revenu sur la figurine. Une âme vide n'a rien à dire. Mais la médecine de l'âme réside entre autres dans l'art de contourner les vides.

— *Aviez-vous un chien à la maison ?*

— *Non, mais j'aurais bien voulu. Je me souviens de l'avoir souvent demandé à ma mère. Pas assez de place chez nous et mon père n'aimait pas les animaux.*

— *Et maintenant ?*

— *Je ne pourrais pas m'occuper d'un chien. Je le déprimerais* (soupir ironique). *J'y ai pensé un peu le mois dernier en passant devant un* pet shop. *Il faudrait un budget pour ça. Puis, mon appart est trop petit.*

— *C'était l'argument de votre mère. Vous êtes d'accord avec ça ?*

*– Non, pas du tout* (demi-sourire). *Pour compenser, ma mère m'avait offert un poisson à
mon cinquième anniversaire. Il a coulé au fond
de l'aquarium un beau matin. Ses couleurs
s'étaient presque éteintes. J'étais terrifié à l'idée
que ses nageoires ne bougeraient plus.*

*– Vous étiez terrifié certainement.*

*– Mon premier contact avec la mort. On l'avait
jeté dans les toilettes et j'ai eu mal au ventre
pendant trois jours. Ma mère le raconte encore
à ses amis de la résidence. « Ce n'était qu'un
poisson, mon cœur. Si tu veux, je vais en ache-
ter un autre. »* C'est ce qui m'a fait le plus mal,
*maintenant qu'on en parle : remplacer tout
bonnement MON poisson par un autre.*

Pendant ce récit, l'homme aurait contacté, par-
delà ses plus récentes ruptures, le petit garçon
jusque-là tapi dans une pliure étanche, ruminant
tout seul sa grosse peine et les troublantes questions que pose la mort à l'esprit humain, même à
celui des enfants. Cela eût peut-être ouvert un
chemin sur la vie intérieure actuelle de l'homme,
car nos ruptures d'adultes charrient toutes les pré-
cédentes dont le souvenir s'est perdu mais le choc
émotionnel s'est replié quelque part.

Une émotion serait peut-être même parvenue jusqu'aux paupières du patient. Pas plus loin. Par respect pour la pudeur de celui-ci, l'intervenant n'aurait pas mentionné le changement de couleur autour de l'iris. Pendant une petite seconde, ses propres deuils de l'enfance auraient frappé à sa mémoire. Un court instant de solidarité réelle, sans autres références que celles logées dans les trous du cœur.

Il se serait levé de sa chaise et l'homme, de son fauteuil. Ils se seraient serrés la main en prenant note du prochain rendez-vous. Un tout petit instant de solidarité muette ouvre quelquefois des sentiers de guérison. En sortant de l'immeuble, l'homme déprimé aurait peut-être levé la tête. « Tiens, pas un seul nuage aujourd'hui ! » Le temps d'un éclair, il se serait laissé pénétrer par un éclat de ciel bleu. Un petit pas hors du magma de vides. Une niche dans la falaise.

Pour qu'une personne dont toutes les énergies s'occupent à broyer du vide fixe un regard indifférent sur une figurine inanimée, demandons-lui sur le ton condescendant d'un diplômé : « Comment ça va aujourd'hui ? »

Ce récit est fictif mais le fond s'inspire du réel. Cet exemple vise à illustrer votre droit d'être soigné par un « psy » (psychologue, psychiatre, psychothérapeute…) qui cherchera de toute sa compétence et de tout son cœur à toucher votre psyché ou votre âme, c'est-à-dire à dégager votre souffle de vie des entraves qui l'étouffent. En tant que savoir, la psychologie tâtonne abondamment parce que l'âme humaine, écrivait Jung, reste un mystère pour une large part impénétrable et aussi parce que les relations entre le corporel et le psychique demeurent encore un vaste chantier d'exploration. En tout cas, soigner une psyché dépasse la seule application d'une méthode basée sur des connaissances théoriques, c'est aussi un art qui fait appel à l'intuition, à l'affectivité et à l'éthique. D'ailleurs, pour ne donner qu'un exemple, une étude récente menée sur les lignes d'intervention téléphoniques consacrées aux personnes suicidaires au Québec et aux États-Unis conclut que les bénévoles formés par leur organisme démontrent plus d'empathie et entraînent, partant, moins de raccrochages téléphoniques, alors que les intervenants diplômés et rémunérés tendent à intervenir de manière plus technique et en comptent davantage[6]. Cela parle éloquemment de la prévalence de l'attitude sur le bagage conceptuel.

---

6. Mishara, B. L. ; Chagnon, F. ; Daigle, M. ; Balan, B. ; Raymond, S. ; Marcoux, I. ; Bardon, C. ; Campbell, J. K., and Berman, A. L. **Which helper behaviors and intervention styles are related to better short-term outcomes in telephone crisis intervention ? Results from a silent monitoring study of calls to the U.S. 1-800-SUICIDE network** in *Suicide and Life-Threatening Behavior*. 2007 ; 37(3):308-321.

D'abord, un bon clinicien de l'âme (psychologue, travailleur social, psychiatre, éducateur…) conçoit le caractère relatif de votre diagnostic -le cas échéant- puisque vous êtes infiniment plus riche et plus complexe que votre profil « pathologique ». D'ailleurs, vos symptômes ne sont souvent qu'une direction que prend votre psyché pour franchir des obstacles ou, à défaut, pour enfermer les raisons de votre douleur dans une pliure étanche. Un bon intervenant reste conscient qu'une grande part de votre réalité lui échappe. Lui-même, en fait, ne connaît qu'une partie de son âme propre, celle-ci ne cessant -comme toutes les autres- de bondir tantôt vers l'avant et tantôt vers l'arrière de sa courbe évolutive. L'humilité serait, par consé-quent, la première vertu professionnelle à déployer ouvertement devant vous. Car, si un intervenant peut vous offrir un service, c'est en vous-même que réside la force de guérison, et tout son talent résidera dans sa capacité de la dénicher et de l'ani-mer. Autrement dit, un intervenant efficace (qu'il s'agisse d'un professionnel, d'un proche, ou d'un bénévole) cherche surtout à faire alliance avec ce qui, chez la personne en souffrance, reste en contact avec la vie, et il ne saurait réussir cela sans développer une relation authentique avec celle-ci.

Entre deux interventions téléphoniques ce soir-là, j'entendais un collègue parler à un homme qui avait préparé tout le nécessaire pour son suicide mais voulait entendre une voix humaine avant d'appuyer sur la gâchette. L'appelant avait organisé les choses pour que nous n'ayons aucun moyen de le retracer. Mon collègue lui parlait désespérément depuis près d'une heure quand je l'ai entendu dire sur un ton plus allègre :

— *De quelle marque ta moto ?*

Puis la conversation semblait se poursuivre dans un climat moins stressé. De fait, l'appelant a finalement accepté de retourner chez lui, de prendre sa moto et de faire un tour au grand vent sans son attirail suicidaire. Quelques jours plus tard, le motard a rappelé pour qu'on transmette un mot de remerciement à ce collègue.

Devant votre dépression, l'aidant efficace (un ami, un *pro*, un frère, une sœur) cherche avec vous comment vous pourriez reprendre du contrôle sur un aspect de votre vie ne serait-ce que quelques minutes par jour jusqu'à ce que vous puissiez vous-même combler des espaces vides avec des petits bouts de victoires. Cela peut vous ramener à vos plus anciennes expériences vitales.

> — *Je pense de plus en plus souvent à me suicider. La fin de semaine dernière, je marchais sur la chaîne du trottoir le long d'une grande artère en me demandant à quel moment j'allais me jeter sous une voiture…*

> — *Vous endurez certainement de grandes souffrances pour en venir là et vous prenez de gros risques… Est-ce que vous marchez parfois dans des endroits plus sûrs ?*

> — *Oui, un parc où je promène mon chien.*

Puis l'appelante parle de son chien, du temps où les choses allaient mieux. « J'enseignais le yoga… » Puis les malheurs se sont mis à frapper sur sa santé, ses amours, son travail, ses amitiés…

> — *Si vous avez enseigné le yoga, vous connaissez certainement des techniques de respiration. Est-ce que maintenant vous respirez bien d'après vous ?*

> — *Non, pas vraiment. En fait, je n'y pense jamais. Ça fait si longtemps !*

— *Vous avez dû insister auprès de vos élèves pour qu'ils améliorent leur respiration.*

— *Évidemment.*

(Silence)

— *En marchant dans ce parc, prenez-vous la peine de vous arrêter près d'un arbre ?*

— *Pourquoi un arbre ?*

— *Regarder ou, mieux, toucher un arbre n'est jamais sans effet. Mais chaque effet reste personnel. Une manière toute simple et gratuite de contacter de la vie...*

On ne saura probablement jamais ce qui est advenu de cette funambule d'une grande artère, mais elle a remercié d'avoir été entendue. Un brin de sol entre deux vides peut prendre la forme toute primitive de la respiration.

Je me suis souvent demandé si on avait raison de fustiger la sympathie au profit de l'empathie dans les champs de l'intervention. Soigner les cœurs ou les âmes sans qu'ils ne nous touchent un tant soit peu est-il vraiment possible ?

Parmi vous, plusieurs hésitent à consulter un *psy* parce qu'un tel recours leur donnerait l'impression d'être encore plus mal en point. D'autres ont déjà vécu des expériences décevantes et ne croient plus à la valeur d'une intervention professionnelle. Pourtant, la plupart des gens ont besoin un jour ou l'autre d'un vis-à-vis compétent pour se comprendre eux-mêmes, tant chacun reste complexe et souvent dépourvu d'un œil clair pour déchiffrer ses propres meurtrissures. Même les cliniciens éprouvent ce besoin, sinon l'exigence, de soumettre leurs profondeurs au regard d'un autre, sans quoi ils auraient du mal à suivre les méandres par où passent leurs clients pour rapatrier leur pouvoir d'agir et recouvrer une certaine liberté intérieure. C'est pourquoi, avant de vous engager dans une thérapie, vous avez le droit, sinon le devoir, de vous assurer que le thérapeute a reçu une formation sérieuse et dispose soit d'une bonne expérience ou, à défaut, d'une supervision rigoureuse. Ce n'est pas parce que vous êtes fragilisé que, encore une fois, vous perdez vos droits d'être servi adéquatement. C'est exactement le contraire qui s'impose.

Cela dit, je reste persuadée que chacun devrait pouvoir bénéficier à diverses époques de sa vie de services psychologiques sans débourser ce que lui coûteraient ceux d'un avocat ou d'un architecte. Nous devrions tous, en tant qu'êtres complexes, avoir accès au progrès des sciences humaines au même titre que nous avons accès, en tant que malades, aux progrès des sciences médicales. Quand vacille notre équilibre, un ami ou un proche peuvent faire beaucoup et même mieux que des professionnels, mais il n'est pas exclu qu'une aide clinique soit également requise.

N'hésitez pas à vous prévaloir d'une aide spécialisée pour sortir de votre mal-être. Quand tout risque de basculer, contactez un Centre de Prévention du Suicide[7], ou contactez un Centre de crise[8], ou rendez-vous à l'urgence d'un hôpital, ou signalez à votre CLSC vos idées suicidaires. Sachez aussi que des thérapeutes moins coûteux offrent des services dans les universités. Ne perdez jamais de vue que nous sommes infiniment plus riches que notre diagnostic. Dites-vous que même la psyché des cliniciens comporte des coins sombres qui requièrent quelquefois la lampe d'un autre pour y entrer. Dans l'univers de la dépression, de la détresse et de la folie, nous sommes tous plus ou moins solidaires. Je vous dirai même qu'il nous arrive d'entendre sur notre ligne de crise un intervenant en passe de chavirer.

---

7. En région : 1-866 APPELLE ; à Montréal (514) 723-4000. www.suicideactionmontreal.org

8. Dans la métropole, chaque quartier dispose d'un Centre de crise. Pour le connaître ou pour dénicher d'autres organismes pertinents, téléphonez au Centre de référence du Grand Montréal : 514. 527-1375.

# S'APPUYER CONTRE
# UN ARBRE

Quelquefois, le cœur en a trop pris. Les circonstances de la vie lui en demandent plus qu'il ne
peut en encaisser. Les barrières explosent et ses ré-
serves entrent en hémorragie. Tous les malheurs,
même les plus anciens, s'agglomèrent et forment
un rhizome couleur d'encre, de plus en plus lourd,
qui bloque, dehors, les appels de la vie. Une frontière à franchir à tout prix mais tout doucement.
La patience des petits pas est beaucoup plus réa-
liste et efficace que l'attente d'un miracle à venir
d'on ne sait où.

On a déjà dit que les divers sons dans la nature
stimulent telle ou telle partie du cerveau[9]. Nous
serions plus sérieusement connectés aux oiseaux
des aurores et à ceux du crépuscule qu'on pourrait
le penser. Or, l'existence urbaine nous a coupés du
bruissement des feuilles, des aboiements du chien,
du miaulement des chats, du roucoulement des

---

9. Alfred TOMATIS, oto-rhino-laryngologiste français, a beaucoup réfléchi sur
cette question. Voir *L'oreille et la vie*, Robert Laffont, 1982.

tourterelles, des staccatos de la pluie sur les gout-
tières, du crissement des semelles sur la neige, des
gémissements du vent sur les seuils de l'automne,
du clap des sabots sur les routes... Autant de sons
dont notre psyché se trouve privée pour reconnaître ses connivences naturelles avec la vie. Cela n'est
pas sans lien avec la dépression qui conduit souvent à la perte du lien avec les choses vivantes.

L'une de mes petites-filles vit alternativement
dans deux pays. Dans l'un, elle habite une belle
grande maison néanmoins dépourvue de cour ou
de jardin pour s'ébattre librement dehors où, hélas,
une grisaille légendaire est de surcroît installée à
demeure. Dans ce milieu, la fantaisie lui est of-
ferte sous forme de chansons, ou d'images dans
les livres, ou d'histoires folles ou drôles que lui ra-
content tour à tour ses parents. Elle se développe
bien sûr dans sa belle maison d'une petite ville an-
glaise mais quand elle atterrit en pleine campagne
toscane dans un petit appartement séculaire que
réchauffe à la brunante un lumineux feu de four-
naise, on la voit faire de larges bonds de progrès en
riant aux éclats. Sa mère l'introduit dans le mystère des collines où se cachent des sangliers et des
faons, broutent des moutons et s'ébrouent des
abeilles sur des millions de fleurs sauvages. Même
de sa chambre, elle répond aux chiens, aux oiseaux,
aux deux ânes broutant à quelques pas. Sur le

chemin des alentours, elle ramasse des cailloux ou des glands entre deux pas primitifs et caresse les feuilles qui osent même pousser entre les pierres d'un muret. De sa petite main potelée, elle salue aussi bien le chat ou le chien que les personnes, mange trois fois plus qu'à la ville et résiste autant que possible au sommeil tant sa petite vie s'enthousiasme de la vie tout court.

Il n'est pas sûr que nous puissions nous passer impunément du bourdonnement des frelons, de la solidité des noyers ou des frênes, de l'odeur des tilleuls ou des cèdres, des multiples couleurs du temps ou de la patiente finesse des toiles d'araignées.

S'appuyer contre un arbre (ou au moins l'observer) n'a rien d'inusité ou d'ésotérique comme il n'est pas anormal qu'un bébé de quinze mois se frotte le dos et la tête contre un mur pour éprouver l'existence de ses arrières. J'ai déjà vu une petite fille faire de gros câlins aux arbres quand elle commençait à marcher sur les trottoirs. La vie reconnaît d'instinct la vie tout comme la tristesse, en revanche, se nourrit de la grisaille, de la couleur du béton et des cacophonies mécaniques.

Si, pour vous distraire, quelqu'un vous offre le cinéma, sans doute serez-vous dépaysé le temps que dure l'histoire sur l'écran, mais si vous décidiez plutôt de parcourir un sous-bois ou d'emprunter des sentiers bordés de conifères ou de fleurs, vous pourriez rentrer re-paysé. Vous n'aurez peut-être pas ri ni éprouvé des frissons de terreur ou d'autres émotions fortes, mais vous aurez nourri en vous un espace complice des éclosions. Aux lendemains de Noël, c'est remarquable, les enfants sont déjà lassés de leurs jouets électroniques mais ils se souviendront longtemps de l'igloo qu'ils ont construit dans la cour. Manipuler de la matière (laine, bois, peinture, glaise, verre ou pierre) alimente nos attaches à la Terre.

# DES POUSSES DANS L'IMPOSSIBLE

Vous avez peut-être déjà vu comme moi des touffes d'herbes qui percent l'asphalte des cours d'école ou des ruelles. Si un fragile brin d'herbe parvient à se tailler un courant d'air entre des mailles de béton ou dans les interstices d'un muret de pierre, on peut penser qu'une étincelle de vie cherche à jaillir de votre nuit intérieure. Je ne peux pas, hélas, par un mot, un verbe ou une phrase, écarter des pierres ou allumer une étoile, mais je peux vous rappeler l'inimaginable qui vous habite réellement depuis que votre corps dont beaucoup de mystères restent indéchiffrés a éclos d'une simple relation sexuelle. Des savants se penchent sur le cerveau humain, comme d'autres dirigent leur télescope sur le ciel, et ils ne cessent d'y découvrir de prodigieuses connexions inexplorées. Dans votre magma d'incalculables cellules, neurones et synapses, il y a bien un petit filet de vitalité qui cherche un courant d'air puisque vous avez eu le courage de venir au monde malgré tous les risques qui guettent un fœtus. Peut-être y a-t-il moyen de retourner dans cette énergie primitive.

On respire le plus souvent sans du tout s'en apercevoir, sauf quand on médite à la manière zen ou autrement, en observant l'alternance de l'inspiration et de l'expiration. Il s'agit *grosso modo* de rendre conscients ces automatismes, d'entrer par le biais de notre respiration à l'intérieur de soi, un peu comme si nous choisissions un chemin autre que l'habituel où fourmillent les mille pensées de notre cerveau rationnel. Avec le temps, cet exercice conduit à un certain silence intérieur qui calme nos agitations courantes et permet de prendre une mesure plus exacte des événements, de nos expériences et de nos *feelings*. Cela fait le plus grand bien, disent les méditants et même certains scientifiques[10]. Cependant, porter une attention rigoureuse à notre respiration suppose d'accomplir des actions tout à fait concrètes : fermer les appareils de son, s'asseoir confortablement, décider de stopper le brouhaha des pensées qui ne vont probablement pas obéir tout de suite mais auxquelles on tâchera de ne pas s'intéresser, puis inspirer et expirer consciemment pendant une vingtaine de minutes. Une décision éminemment simple et pourtant difficile, qui ne coûte ni ne rapporte rien de visible, demande une certaine

---

10. Je rappelle ici le livre intitulé *Guérir* déjà cité dont les pages 88 à 94 rapportent les effets positifs de ces temps d'arrêt qui favorisent pendant un moment le contrôle de la respiration. D'après l'auteur, les résultats mentionnés sont validés par des observations scientifiques.

générosité et un certain courage parce que les effets peuvent ne se faire sentir qu'après plusieurs essais. Chaque décision, d'ailleurs, fait appel au courage, et à force de subir des malheurs et des échecs, le pouvoir décisionnel finit par s'effilocher. On cesse d'accorder une valeur au petit pas qu'on pourrait faire. Décider de conscientiser sa respiration, de se fricoter une soupe aux légumes ou d'éteindre la télé pour sortir dehors sont des gestes apparemment banals comparés à celui d'un président de compagnie qui, par une heureuse transaction, vient de tripler son chiffre d'affaires. Pourtant, décider de faire le moindre pas vers la vie quand tout en nous cherche à démissionner revient carrément à vaincre la mort, ce que ne vaut nullement la meilleure décision d'un président de compagnie. Quand vous marchez en funambule sur la corde raide de la dépression, votre moindre décision en faveur de la vie revêt la valeur d'un accouchement. Décider de mettre son manteau d'hiver et d'aller marcher dans la neige pour éprouver à même le froid la sensation d'avoir un visage à nu et des pieds dans les bottes peut être une question de vie ou de mort quand cela se tranche dans une âme en douleurs. Puisque le prestige et l'argent sont de bien pauvres valeurs comparées à la vie elle-même, quand, par un tout petit pas, vous refusez d'en rester là, vous méritez infiniment plus d'admiration que l'entrepreneur à succès ou la star du moment.

Non ?

D'ailleurs, ce qui frappe dans le processus décisionnel, c'est que la dépense massive d'énergie
mentale que requiert le premier geste (se lever de
sa chaise, ou décrocher son tablier, ou éteindre
l'appareil de son pour entendre battre son cœur)
cède vite au gain d'énergie une fois l'action entreprise. C'est l'effort de mettre en branle qui coûte.
Et quand la vie nous en a trop demandé, on perd
la conscience des effets de l'effort comme s'il allait
fatalement déboucher sur du néant. Si vous croyez
cela, vous avez tort.

Vincent, mon filleul, avait six ans lorsque, assis dans
le salon avec les adultes, il écoutait leur conversation
à propos d'une personne sénile dont le fils aîné venait d'être accrédité à titre de procurateur. Tout à
coup, l'enfant murmura : «… après avoir pris tellement de temps pour devenir une grande personne ! » Vincent était un petit garçon qui voulait
sans doute grandir plus vite afin de prendre enfin
lui-même ses décisions. Ces jours-là, il devait avoir
une conscience plus vive de ses nombreuses dépendances, et ce récit des adultes lui a soulevé une immense compassion pour le vieillard remis comme
un enfant entre les mains d'un fils. L'exclamation
de Vincent parle de la valeur incalculable de nos
pouvoirs décisionnels si lentement acquis.

La moindre décision que vous tranchez en faveur d'une action favorable à l'équilibre mental se compare à la fissure que se taille un brin d'herbe pour franchir la pierre ou l'asphalte. Cependant, la nature confirme aussitôt pour ainsi dire la valeur du brin d'herbe en le couvrant de lumière, tandis que votre entourage tend peut-être à vous fuir plutôt qu'à bénir votre effort. Demandez à vos proches de reconnaître la pleine valeur de vos petits pas en faveur de la vie, et si vous ne trouvez personne, contactez un intervenant d'une ligne téléphonique et demandez-lui de confirmer votre victoire.

# TAILLER SOI-MÊME
# UNE BRÈCHE

Sur une journée ou une semaine, observez les moments où le mal-être prend moins de place afin de déceler ce qui vous aide le mieux à vous tenir du côté de la vie. Coûte que coûte, même sans y croire, refaites cette action. Malgré l'envers de la confiance qui voue d'avance à l'échec ou à l'insignifiance tout ce que vous pourriez entreprendre, entreprenez quand même. Au moins, tâchez de déposer un filet de conscience dans votre regard ou dans l'oreille. Ouvrez grands les rideaux pour vous mettre du côté de la lumière. Un gros effort, ici, pour contredire l'obscurité du dedans. Regardez des choses vivantes.

On peut fort bien regarder sans voir. Avoir des oreilles qui n'entendent pas. N'être enthousiasmé que par ce qui rutile ou résonne sans que rien n'en reste dans la mémoire du cœur une fois éteints la brillance ou les sons. Jouir d'un spectacle sur scène est une chose, percevoir des merveilles à même l'ordinaire de l'existence en est une autre. On peut décider de choisir ce qu'on regarde et ce qu'on entendra. C'est là une forme d'autonomie

fondamentale. On s'imagine souvent que les artistes sont plus heureux que nous, pourtant les
journaux à potins regorgent des malheurs d'un
bon nombre. On s'imagine qu'ils sont plus heureux parce qu'ils sont applaudis. Mais une fois le
rideau tombé sur la scène, ils retournent à leurs affaires et nous retournons aux nôtres, qui ont souvent plus de prix que le spectacle ovationné. Par
exemple, répondre soigneusement à la question
que nous pose un enfant de trois ou quatre ans
peut revêtir une importance capitale bien que cela
ne suscite aucun applaudissement ou ne paraisse
jamais dans un journal.

Ne valent la peine d'être entendus, finalement,
que les sons, la musique ou les paroles qui encouragent notre rapport au monde, aux choses, aux
êtres ou à la vie. Par exemple, une phrase d'enfant
peut nous réjouir pendant des jours et des jours,
simplement parce qu'elle est magnifique ou parce
qu'elle traduit une belle attitude humaine en voie
de se construire. La mère de Frédérique (presque
3 ans) vient d'accoucher. L'enfant en sera sans
doute chamboulée quand elle verra tout le temps
maternel que dévore un nourrisson, mais elle participe à l'événement à sa façon et dit à qui veut
bien l'entendre : « Hier j'étais une petite fille,
maintenant je suis une grande sœur! » Voilà
une phrase à cajoler tant elle contient de sens,

d'émotion, de réalisme et de conscience. Or, elle pourrait n'avoir jamais été entendue comme à chaque seconde prennent le chemin du néant des milliers de phrases d'enfants prononcées devant des adultes inattentifs.

On se fait illusion quand on se pense maître de sa vie si, dans les faits, on laisse le travail, la télé, le monde du spectacle ou le hasard choisir à notre place ce qu'on entendra, ce qu'on fera et ce qu'on regarde. On dit que certaines personnes voient les auras, cette sorte de halo brumeux qui nous entourerait d'une certaine couleur. C'est bien beau, mais ce n'est pas grand-chose si on ne perçoit pas tel pli dans le front de la petite fille attristée, la moue d'un aîné qui vient de perdre sa place d'enfant unique, la femme qui pleure dans l'autobus, la fleur éclose sur un magnolia ou la joie de l'étudiant qui a réussi son examen. Vous ne me croirez pas, mais j'ai déjà vu un hibou dans un quartier pauvre de la métropole un soir d'automne où je voulais mourir. C'est fou l'énergie qu'a soulevée en moi cet oiseau de proie perdu dans la cité et perché sur un gros érable de ma rue. J'avais entendu quelque chose d'inusité dans le ciel : son envol d'un toit vers une branche. En suivant le son, je me suis plantée devant l'arbre et j'ai fini par le voir. Il pleuvait, il faisait noir et ses yeux brillaient droit dans les miens. Une brèche dans la falaise. Un événement. Qui garde sa force après des années tant cette belle chose vivante a ravivé ce qu'il me restait de souffle.

Regarder ou entendre sont de véritables actions quand on les oriente soi-même vers un objet choisi. Autrement, ce sont des automatismes, de simples réflexes. Pour qu'une brèche ait lieu dans nos déséquilibres, il suffit quelquefois d'ouvrir intentionnellement l'œil ou l'oreille.

# LES NOMS DU DRAGON

Personne ne sait à peu près rien de quiconque puisque même de soi on ne sait finalement que peu de choses. Cela parle de l'indispensable respect que nous devons à la part inconnaissable de chacun. On peut souffrir d'une peur au ventre depuis la toute petite enfance et n'y rien pouvoir faire tant elle est incrustée creux dans nos fibres les plus primitives[11]. Voilà une souffrance qui non seulement paralyse mais fait quelquefois honte. Une surenchère de mal-être, comme si cela ne suffisait pas d'avaler de l'angoisse à chaque respiration. Oui, la peur irrationnelle existe. Et elle torture celui ou celle qui l'éprouve du matin au soir et du soir au matin. Ils n'ont pas de prise sur elle. Sa présence enduit leur vie intérieure comme de la glue et fait circuler sous la moindre démarche l'impression d'un danger mortel. Les personnes terrifiées qui, néanmoins, osent ouvrir les rideaux de leur chambre, qui résistent aux drogues et

---

11. Des recherches font état des effets protecteurs de certains exercices lors de situations difficiles ou d'affects envahissants. Entre autres, la marche rapide ou le jogging diminueraient l'anxiété et renforceraient le système immunitaire (Servan-Schreiber, op. cit., page 188-189).

font face à la lumière du jour méritent plus d'applaudissements qu'un acrobate au-dessus du vide. Je voudrais que cette page soit un hommage aux angoissés en lutte jour et nuit contre un dragon invisible. Je voudrais dire à vos proches que votre courage de rester dans la vie mérite d'être applaudi.

C'est Pâques, il fait soleil et on sent toutes sortes d'éclosions dans l'air. Une femme, au bout du fil, bégaie l'angoisse qui la ronge depuis des années. Elle a subi des agressions sexuelles durant son enfance, et elle a fini par demander une aide spécialisée qui l'a conduite à dévoiler les traitements subis par un membre lointain de sa famille. Cependant, aucun de ses proches n'accueille son mal-être ni n'accepte de revenir sur le sujet. « Le passé, c'est du passé », répondent-ils à chaque tentative de mon interlocutrice. Une phrase-cliché qui enfonce le clou dans la plaie.

Il y avait, dans mon propre environnement familial, une célibataire alcoolique qui tombait régulièrement en dépression. Combien de fois, j'ai entendu ma mère dire : « Ah ! si elle ne s'écoutait pas autant… Elle est pourtant si intelligente » J'ai appris des années

plus tard que cette femme avait eu un enfant dans sa jeunesse et que son père, fort
d'un certain prestige, avait organisé l'adop-
tion dès après la naissance sans même que
sa fille ne voit l'enfant. On lui avait fait
croire que le bébé était mort, mais elle
n'était pas dupe et elle en a gardé une rage
qui l'a finalement détruite à petits feux.

Dire des clichés aux anxieux ou aux personnes dé-
primées est carrément anti-thérapeutique. Ceux qui
vous disent qu'*il y a toujours une lumière au bout du
tunnel* ou que *la vie se charge toujours de nous aider au
bon moment* ne font qu'enfoncer le dard dans une
chair déjà meurtrie. Les clichés Nouvel-Âge aux
saveurs de prédestination et les propos moralisants
font mal à tous ceux que dévore une souffrance
psychologique. Plutôt que de les soutenir, ils leur
montrent à quel point ils ne sont pas compris. Car,
en effet, rien n'est moins compréhensible aux gens
heureux ou aux énergiques que l'emprise des
forces de la mort sur une âme en déroute. Quand
leur dragon se réveille, les anxieux et les déprimés
ont besoin de présence et d'écoute. *Bien écouter,*
disait Marivaux, *c'est presque répondre.* Ils ont besoin de patience, sachant que la guérison prend
d'autant plus de temps que ce monstre-là peut
loger ses racines dans des expériences dont on a
perdu la trace. Les nourrissons traumatisés par la

séparation du ventre maternel crient, ragent et se désarticulent dans tous les sens. Les angoissés, bien qu'ils soient envahis par de criantes ténèbres, se taisent parce que leur mal n'a pas de mots.

Je voudrais dire à la mère d'un enfant terrifié sans raison apparente, au compagnon d'une femme angoissée, à l'ado dont l'ami s'est enfermé dans le silence : reconnaissez leur courage de rester en vie. Offrez-leur de la présence au lieu de phrases toutes faites. Accompagnez leurs petits pas en faveur de la vie. Surtout, ne leur dites rien qui pourrait ressembler à un jugement ou laisser entendre que leur désarroi serait dénué de fondement.

Dans une dépression gisent souvent des pertes, des deuils lointains, des échecs oubliés. Si la mémoire filtre minutieusement les faits qu'elle retient, nos cellules n'enregistrent pas moins tous les résidus de la passoire, et des événements tout à fait anodins peuvent réveiller les effets dévastateurs de ce qui a été dûment refoulé. Une catastrophe vécue ou observée durant la tendre enfance, un deuil mal intégré, un reproche malveillant dans un moment de fragilité…, bref une morsure infligée dans l'enfance peut répandre son venin à l'occasion d'un banal incident. L'odeur d'une savonnette ne suffit-elle pas pour retracer le lointain enveloppement d'une grand-mère ? Les enfants de parents mal embouchés dont les premières années furent flagellées par d'incessantes humiliations pourraient, une fois devenus grands, s'affaisser complètement sous le moindre regard réprobateur. Autrement dit, il y a des dragons imprécis recroquevillés quelque part dans nos soussols, qui peuvent être soudainement titillés par un son, une odeur, un climat, un choc, un événement, le ton d'une phrase, une œillade particulière. La raison ne peut rien contre l'irraisonnable. Accueillir l'émotion, la sienne ou celle d'un autre, lui donne au moins le droit d'exister à titre de réaction parfaitement humaine à défaut d'être compréhensible. Nos dragons revendiquent le respect avant d'accepter quelque transformation.

Par exemple, quand l'amour s'en va, tous les dragons se réveillent. La rupture amoureuse n'a pas son pareil pour disloquer une existence. Chaque malheur depuis la première respiration s'emmaille à la présente rupture et le sentiment d'avoir sa place dans l'univers disparaît. Notre signature perd tout son poids et chaque point de repère s'envole, nous laissant perdus au beau milieu d'une histoire finie. Les blessures de l'amour s'attaquent aux racines de l'être et injectent dans la valeur personnelle un venin ravageur. Ceux qui s'enferment dans le sentiment de perte ont bien des chances de déprimer longtemps ou de s'anéantir eux-mêmes dans des refuges finalement destructeurs. Et la tentation du retrait se fait d'autant plus puissante que, intérieurement marqués au fer de la perte, on se sent malvenu partout, jusque dans la vie elle-même. Une rupture amoureuse ne déferle jamais toute seule sur nos forces vives et dans nos sous-sols. Elle agglomère au passage nos plus intimes et nos plus lointaines séparations : l'angoissante sortie du ventre maternel, les départs parentaux, les dépôts en garderie, les changements de gardienne, les déménagements, le départ pour l'école, les mille et un deuils mal digérés ou non dits de la petite enfance, une relation filiale conflictuelle, les premières désillusions de l'amitié, l'injustice d'une maîtresse d'école. Et nous voilà sous la vague, à la merci de tous les dragons dont nous échappe le nom mais nous étreint la mémoire.

> *— Je continue à travailler comme si de rien n'était. Je vous le dis : personne ne pourrait imaginer que je pense au suicide.*
> *— Auriez-vous tout de même un ami à qui vous pourriez parler de votre souffrance ?*

*— Avec mes amis, je parle de hockey, ou quelquefois de politique, de tout et de rien, mais jamais de moi. Je ne sais rien d'eux non plus, d'ailleurs!*

Les hommes ont du mal à confier leur souffrance psychologique : ils sont nombreux ceux qui la cachent dans l'ironie, les blagues, la colère ou un mutisme plus ou moins obstiné. Pourtant, parler peut être une question de vie ou de mort. Bien sûr, on met parfois un certain temps à trouver la bonne personne : celle qui ne nous assommera pas de clichés ou qui ne nous paiera pas un verre pour soi-disant noyer la peine. Ne cessez pas de chercher la personne adéquate qui pourrait ne rien dire du tout mais vous montrer d'une manière ou d'une autre qu'elle a saisi la profondeur du chaos dans lequel vous risquez de périr.

J'étais dans le chaos. Quoique relativement bien entourée, la déferlante multipliait ses ravages et minait mes moindres essais de poursuivre. De survivre. Un midi, le téléphone qui sonnait de moins en moins, finalement presque plus, sonna.

— *Maman ?*
— *Oui.*
— *Je voulais te dire quelque chose à quoi j'ai pensé hier. Je sais que tu souffres beaucoup.*
— *Oui. Et je ne sais pas si pourrai tenir encore longtemps.*
— *Justement ! Tu as toujours été forte, maman.*
— *Forte ?*
— *Oui, tu as toujours été forte et tu vas t'en sortir, j'en suis sûre. J'ai pensé à ça hier.*
— *Merci, ma belle.*

Ce n'était pas une phrase automatique puisqu'elle l'avait formulée pour elle-même la veille. Donc, elle y croyait vraiment. J'avais déployé de la force devant ses yeux pendant une vingtaine d'années, et elle a eu l'heur, ce jour-là, de m'en rendre le témoignage. Je ne me suis pas raplombée sur-le-champ, bien sûr. Mais sa certitude lancée dans mon midi chaotique a fait son œuvre tranquillement. Si je me rappelle encore aujourd'hui jusqu'au décor de la cuisine dans laquelle je l'ai reçue, c'est parce que cette parole m'a touchée vivement, là où j'avais précisément besoin d'être atteinte. Donc, j'avais déployé de la force devant mes enfants, et il devait bien m'en rester quelque chose. Même si je ne la sentais plus, ma fille, pour sa part, y croyait fermement. Voilà l'un des plus puissants remèdes contre la dépression : quelqu'un

qui croit encore en vous et ne perd pas de vue ce
que vous avez pu faire de bien auparavant. Une
voix qui lance une étincelle salutaire dans votre
détresse et que les dragons cracheurs n'éteindront
pas. De l'or pur les proches qui croient en vous
envers et contre les apparences, qui ont mémorisé
vos instants de courage et les restituent dans le vif
de vos faiblesses.

Quand l'amour s'en va, la perte prend les propor-
tions de sa profondeur. Tout ce qui fut donné se
révèle dérisoire, sinon délétère, comme un cadeau
empoisonné. Même les élans du corps s'entachent
d'insignifiance. Le sexe n'était qu'un piège finalement, ne consolidait rien, un terrain de jeux sur
lequel s'usait peu à peu ce qu'on croyait éternel.
La colère des offrandes trahies ne trouve pas d'ad-
jectifs assez violent. Le cri non crié dévore le
crieur. Appelle une mort déjà survenue. Quand
l'amour s'en va, même le sel s'affadit et s'assèche le
cœur. Les oreilles se ferment, les yeux cessent de
voir et la confiance cesse de croire. On range l'un
des deux oreillers ; on étend des draps de flanelle
pour adoucir l'insomnie. L'avenir a perdu sa
direction. On devient étranger au soleil qui se lève
et au printemps qui surgit. En fait, on ne sait
plus ce qu'on fait dans la lumière du jour ni
ce qu'on devient dans les cycles naturels. Un
caillou dans la mare, un bâton dans les rouages.

Une divergence dans les logiques du temps. Une erreur finalement. Une peau de chagrin n'a pas sa place dans le monde. On veut mourir. Fustiger ses dragons, puis disparaître. Libérer le monde d'une présence stérile. Perdre l'amour revient à se perdre soi-même si tant est qu'on y avait déposé l'entièreté de soi. La tentation est grande de consentir définitivement à la dégringolade, de laisser sa conscience et sa mémoire s'enfoncer dans des somnolences artificielles. L'automne nous sied mieux ; les arbres se dénudent et la terre frissonne ; la lumière fuit de bonne heure et la nuit nous absente. Ce n'est pas tous les jours qu'un hibou nous surprend.

Vous ne me croirez peut-être pas, mais, en plus de ma benjamine, quelqu'un d'autre s'est mis carrément en travers de ma chute. Et je l'ai laissé faire. Bien qu'il fût mort depuis plusieurs siècles quelque part en Italie, je gardais son âme dans ma chambre et je l'écoutais tous les jours témoigner d'une joie. J'ai développé un tel besoin de sa présence qu'une privation de deux jours me rejetait au fond du gouffre. Antonio Vivaldi rallumait chaque fois une étrange étincelle dans mon centre du corps, dans des neurones vierges peut-être. Une essentielle légèreté. Un rythme contraire à tout ce qui m'habitait. Je le laissais faire. J'ouvrais l'oreille à la musique d'un prêtre roux dont des

centaines de couventines ont dû tomber amou-
reuses. Des staccatos bien dessinés par des dizaines d'archets au diapason pénétraient les
canaux d'un cœur à plat, le réveillaient en douceur
et lui insufflaient des échos divergents. Pourtant,
avant la rupture, je n'appréciais pas tant la musique
baroque. J'aurais pu choisir les concertos de Mozart ou de Bach, écouter des chansons substan-
tielles comme celles de Brel ou de Ferré, des poètes
de chez nous comme Vigneault ou Léveillée, des
messes classiques, des chants choraux, du jazz, du
rock, ou m'en tenir aux bruits de la rue ou de la
télé. S'imposa Vivaldi, un ennemi juré du désir de
mort, dont les danses laissent dans la psyché des
traînées de lumière. C'est le seul prêtre qui m'ait
jamais fait du bien. Je lui dois autant qu'à ma benjamine, à ma thérapeute et à quelques amis de
n'avoir pas sombré. Quand l'amour s'en va, c'est
le temps plus que jamais de choisir minutieusement à qui et à quoi prêter l'oreille.

# PRÊTER L'OREILLE

J'étais chef d'unité dans une prison d'adolescentes. Une vraie prison avec des portes de cellules en fer que verrouillaient de grosses clés fort embarrassantes attachées à nos ceintures. La vie d'éducatrice, là, était plus que difficile. Comment ramener dans ce qu'on croyait *le bon chemin* des filles de quinze à dix-huit ans que la vie avait profondément maganées et qui avaient commis des délits si graves que, malgré leur jeune âge, on les avait enfermées dans une prison d'adultes avant d'aboutir dans ce nouvel établissement *sécuritaire* construit pour des jeunes durs à cuire : les garçons dans une aile, les filles dans une autre. En fait, j'avais à peine quelques années de plus que nos détenues et, pour tout bagage, des notions de psychologie bien inférieures au mystère que chacune d'elles représentait. Bref, c'était difficile, et le moindre faux pas nous obligeait à tout recommencer pour ce qui est de bâtir la confiance de base sans laquelle aucun lien éducatif n'est possible.

Un soir, après le souper, m'est venue une idée complètement folle qui, impérative, me poussait tout de même à l'exécuter. À cette heure-là, les filles allaient généralement dans la cour fumer une septième et dernière cigarette. La nuit tombait sur l'asphalte gris, clôturé par de hautes barbelées. Une atmosphère on ne peut plus déprimante : pas de fleurs, ni d'arbres, ni même le moindre brin d'herbe. Un ciel de feu tout de même et ça sentait le printemps. Je m'assis sur les marches de ciment et les filles vinrent me rejoindre en me niaisant gentiment selon leur habitude. Elles m'aimaient bien dans le fond parce que j'étais à la fois rigoureuse et pleine de respect pour leur souffrance dont j'avais – elles l'avaient compris - une conscience aiguë. Sans autre préambule, je plongeai : *Il était une fois, dans un pays lointain, une superbe enfant dont les parents moururent dès sa naissance et un beau jour...* Je racontais *Cendrillon* à des adolescentes dont certaines avaient perpétré des vols à main armée ou s'étaient prostituées dans des chambres sordides, dont l'histoire sociale, en tout cas, était indiciblement lourde et la violence, à fleur de peau. Elles écoutèrent religieusement et après le... *ils vécurent heureux et eurent beaucoup d'enfants*, certaines se raclaient la gorge, d'autres riaient timidement et un calme inhabituel nous réunit pendant quelques instants dans une étrange émotion. Un contact, peut-être, avec d'enfantines espérances. Cette demi-heure-là scintille encore parmi mes plus étonnants souvenirs professionnels.

En chacun de nous réside un espace libre, ouvert sur ce qui dépasse l'aujourd'hui du temps, l'ordinaire des choses, ouvert aux mille possibles. Plus longtemps cet espace reste en friche, plus il risque la désertification. Aujourd'hui, me dit-on, la société n'a plus les délinquants qu'elle avait. Les jeunes dont la souffrance atteint un degré excessif tombent plus souvent dans la dépression ou l'addiction que dans la transgression. La guérison se révèle beaucoup plus difficile. Un bon nombre penseraient même au suicide. Peut-être leur vie intérieure ressemble-t-elle à une cour d'asphalte grise, entourée de barbelés dont ils n'arrivent pas à s'échapper. Leur espace libre a rapetissé faute de nutriments d'espérance.

Qu'on le veuille ou non, nous sommes constamment envahis par des bruits, des images, des mots, des messages qui risquent de désertifier notre quête d'un sens à la vie. Des propos contradictoires carrément scandaleux passent même inaperçus. Pas plus tard qu'hier soir, j'en ai vus et entendus à la télé : en une seule demi-heure, sont passés sur l'écran un message publicitaire du gouvernement illustrant violemment à quel point la vitesse sur les routes prête à de terribles tragédies puis, quelques minutes plus tard, l'annonce publicitaire d'une marque de voiture qui offre de merveilleux *frissons* sous l'effet de la vitesse. La liberté

de parole n'a plus de limites et il faut un solide
sens critique pour analyser un tant soit peu ce qui
nous arrive à l'oreille. Il s'agit véritablement d'un
exercice de la liberté. En hébreu, l'expression
« prêter attention » se traduit par *chama lev*, ce qui,
mot à mot, veut dire « le cœur écoute ». Prêter
l'oreille pourrait signifier « écouter avec le cœur ».
Dans la cour d'asphalte, Cendrillon parlait à mes
dures à cuire parce que leur cœur avait encore des
oreilles.

Beaucoup plus tard, j'ai travaillé dans le centre
communautaire d'une zone grise à Montréal.
Faute d'espaces verts, les enfants jouaient dans la
rue, les ados flânaient sur les trottoirs, la cour
d'école, les bars ou les centres d'achat pendant que
de nombreuses mères, souvent monoparentales,
stagnaient dans la déprime ou le désœuvrement.
La direction de l'organisme me demandait chaque
année de faire quelque chose pour soutenir ces
parents dans l'éducation des enfants. J'ai longtemps refusé parce que j'avais peur, en leur ensei-
gnant quelques rudiments de psychologie, de
stimuler davantage la culpabilité que l'apprentissage. Finalement, c'est moi qui, à force de refus,
me suis culpabilisée et je me suis lancée. Dans la
salle, ce soir-là, il y avait six mères et un père.

– *Bonsoir et bienvenue à ces rencontres sur le développement de l'enfant. Comme je dispose d'un contenu de cours déjà bien structuré, je vais vous transmettre ce que j'enseignais – il y a quelques années– à des étudiants de l'université. Nous allons traverser toutes les étapes du développement de la personnalité, de la naissance à la vieillesse, d'après un auteur d'origine danoise, Erik H. Erikson, qui a mis au point une théorie du développement normal. Ce cours est gratuit, évidemment, mais il comporte une exigence à laquelle je tiens absolument. Pour ma part, je vais décrire le développement mais vous, vous allez l'illustrer. À chaque semaine, je vais vous demander d'apporter soit par écrit ou soit verbalement* (le quartier comportait des personnes analphabètes) *un fait vécu ou observé concernant l'un ou l'autre de vos enfants, quel que soit son âge. Et ce sont vos enfants qui vont ainsi nous enseigner ce que signifient certains concepts psychologiques dont il sera question.*

Le cours allait bon train, les parents apportaient toujours au moins un fait d'observation, parfois trois ou quatre et je me servais de leurs témoignages pour illustrer des propos théoriques qui devenaient aussitôt compréhensibles. Cependant, l'essentiel de cette activité communautaire n'eut pas lieu dans la classe. Les participants ouvraient un œil neuf sur leur progéniture. Ils se mettaient aux aguets des signes d'éclosion. Puis, peu à peu, ils passèrent à l'admiration de leurs enfants. Les crises, les demandes, les gestes altruistes ou détestables, les phrases lancées ou chuchotées, les altercations de la fratrie prenaient du sens et captivaient non seulement l'intérêt de l'observateur mais celui du groupe, l'animatrice y compris. Bref, ces parents s'étaient tout bonnement mis à voir et entendre leurs enfants avec l'intelligence et le cœur. Cette conversion s'est révélée si flagrante qu'un soir, une mère, incidemment analphabète, nous confia que son fils de quatorze ans lui avait dit la veille : « N'oublie pas d'aller à ton cours demain! » Je reste bouleversée par cet extraordinaire résultat qui ne figurait nullement parmi mes objectifs. Comme quoi même une personne soumise à de rudes épreuves, à la pauvreté la plus concrète, au manque d'instruction, à la marginalisation sociale, à l'isolement, garde des oreilles pour entendre les signes de la vie dans le brouhaha des malheurs. Je voudrais dire à la femme en mal d'amour, au fils mal aimé, à la mère désespérée, au détenu suicidaire, au psychiatrisé qui entend des voix ou sombre à tout moment dans l'angoisse : ouvrez l'oreille ou l'œil à une parcelle de vie qui vous fait signe alentours. C'est là une façon concrète de trancher un choix en faveur de l'espérance envers et contre tout. Ni vous, ni moi ne devrions marcher dehors sans lever la tête un moment et regarder le ciel. Aussitôt, faites-en l'expérience, les choses prennent une autre proportion.

# LES RACINES DE L'ESPÉRANCE

Martin avait 14 ans quand sa famille aménagea dans le ghetto de Varsovie au moment où la Deuxième Guerre mondiale allait dévaster l'Europe. Intrépide et intelligent, l'adolescent a vite découvert comment déjouer les soldats allemands, franchir les limites du ghetto et dénicher de quoi nourrir les siens. Il rentrait le soir avec du pain, quelques pommes de terre, parfois un saucisson et, avant de s'endormir, il repassait dans sa tête tous les risques qu'avait pris sa petite vie pendant la journée, car s'il avait été découvert en train de traverser le trou d'un mur ou de raser la frontière des quartiers libres, un soldat n'eût pas tardé à lui faire éclater la cervelle. Une fois les Juifs du ghetto de Varsovie déportés sous la menace des mitraillettes, chacun des proches de Martin fut assassiné pendant que celui-ci découvrait l'horreur d'un camp d'extermination. Là, il a vu de ses propres yeux brûler des monceaux de cadavres de Juifs, des prisonniers agrippés aux barbelés mourir d'une balle dans la tête, des enfants sauvagement séparés de leurs parents en descendant du train de la mort, des jeunes gens maigrir jusqu'aux os, des rabbins mourants murmurer des prières sur d'autres mourants… Des millions de Juifs, de bohémiens ou de personnes limitées par un handicap ont ainsi quitté cette terre sous la violence animale de gouvernants allemands néanmoins cultivés. Martin atteignit donc son adolescence dans l'enfer lui-même en présence du diable en personne. Chaussé de bottes bien cirées, vêtu d'un uniforme impeccable et se donnant des airs d'insensible, le monstre nazi disciplinait le travail de prisonniers sur-épuisés, menait des centaines de Juifs aux chambres à gaz, planifiait la gestion des cadavres ou conduisait des femmes au laboratoire où des savants menaient sur leur corps malingre des expériences diaboliques avant de les jeter au four crématoire. Malgré ces traumatismes innommables auxquels les Juifs ont donné le nom de *shoah* (désastre), Martin s'en est sorti, ce qui représente déjà un miracle. Mais ce que je tiens à souligner, c'est l'autre miracle : il s'est refait plus tard une vie saine et heureuse. Sans doute, peut-on expliquer cela en sondant les circonstances de son existence ultérieure ou en mesurant sa force psychologique et l'impact de ses rencontres … Voici plutôt ce qu'il en dit lui-même :

*Si j'ai pu traverser tant de périls et d'abord le découragement et la peur, si la nuit, dans nos baraques dans cet enfer que la guerre avait créé, j'ai refusé d'en finir avec la vie, si j'ai toujours su, alors que je vivais sous la menace des bêtes à visage d'hommes que la bonté existe, qu'en l'homme il y a le bien possible, je le dois à ma mère et à mon père. (...) Ma mère était la douceur, le silence qui est richesse. Elle n'avait pas besoin de dire; elle faisait et chacun de ses actes était plein d'amour. Elle étendait la main vers mon visage; avant même qu'elle ne touche ma joue je sentais la chaleur en moi, j'étais enveloppé par elle. Nous n'étions séparés par rien. J'étais elle, elle était moi.*[12]

Plusieurs raisons sont à l'origine du désespoir : les séparations douloureuses, les deuils, la dépression, des échecs importants, la maladie mentale, les agressions, la négligence ou les mauvais traitements subis pendant l'enfance... Mais, en revanche, on ne sait pas trop ce qui est à l'origine de l'espérance. Erik H. Erikson, psychanalyste et anthropologue, écrivait que s'il est difficile de définir l'espérance, on reconnaît tout de suite quand elle fait défaut. Fasciné par ce manque à la fois vague et non moins réel, il a tenté de décrire les conditions qui, selon lui, favorisent la construction de l'espérance dans une psyché humaine, et de récentes recherches scientifiques tendent à lui

---

12. Martin Gray, **Le livre de la vie**, éd. Laffont, 1973, p. 79-80.

donner raison. Les concepts théoriques d'Erikson dérivent d'observations minutieuses menées aussi bien dans diverses sociétés non-industrialisées qu'auprès de patients nord-américains de tout âge. Concernant l'espérance, ses recherches l'ont convaincu qu'elle est la toute première force intérieure que développe un enfant d'où qu'il origine. Voici un peu comment cela se passe.

Quand un nourrisson quitte le ventre de sa mère, il subit un véritable traumatisme. Désormais, ses nombreux développements n'auront pas lieu d'eux-mêmes, il devra collaborer. Il doit d'abord se mettre à respirer, puis téter pour obtenir du lait, s'initier aux processus de la digestion à coup de coliques parfois, vu l'immaturité de son œsophage. Il doit attendre quand il éprouve la faim, gérer le bruit tout autour, traverser des frissons et d'autres tensions corporelles, pleurer ses inconforts, ressentir et agir en fonction de tout ce que lui permettent les prodigieux progrès successifs de son cerveau. Surtout, il doit s'adapter au monde extérieur, et le monde, pour l'instant, se concentre dans sa mère qui représente jusqu'à la nature elle-même du fait que, en plus de pourvoir au lait, elle demeure la seule voix qu'il reconnaît, le seul milieu familier, peut-être même la seule odeur qui le rattache à ses commencements. Pendant les premières semaines et les premiers mois de sa vie en relation étroite avec sa mère, donc, le bébé doit faire le difficile et essentiel apprentissage du délai tout en développant la certitude non seulement qu'il recevra la bonne réponse mais que lui-même vaut la peine qu'on la lui donne. Autrement dit, les premières mailles de la confiance en l'autre et de la confiance en soi se mettent en place. On devine ici l'importance du climat dans lequel se déroulent ces milliers d'échanges primitifs entre la mère et l'enfant. Le témoignage de Martin Gray est très fort à cet égard : la tendresse reçue de sa mère pendant l'enfance a maintenu en lui la conviction de la bonté du monde malgré le mal absolu où l'avait plongé l'enfer nazi.

Bien sûr, les mères, fragilisées par l'accouchement et non encore adaptées à ce bébé précis, n'offriront jamais une disponibilité parfaitement constante. C'est une question de dosage : favoriser chez son enfant le maximum de satisfactions contre une certaine mesure de frustrations, sans quoi l'enfant ne saurait s'adapter au réel lui-même rempli d'embûches et de limites. D'ailleurs, la mère ressent, elle aussi, mille besoins reliés à sa vie personnelle comme à sa maternité, et il est des sociétés qui répondent mieux que d'autres aux besoins des mères en favorisant la constance et la stabilité de leur présence auprès des rejetons durant leurs deux premières années plutôt qu'en facilitant leur séparation précoce[13]. Quoi qu'il en soit, le père détient ici un rôle prépondérant de soutien et de relais jusqu'à ce qu'il devienne lui-même une figure de proue dans les processus de la croissance, c'est-à-dire quand l'enfant s'appuiera sur lui pour, progressivement, sortir du giron maternel et découvrir les buts et les valeurs qui valent la peine d'être poursuivis. À cette étape, c'est la figure du père qui consolidera la force d'espérance comme le feront plus tard, les maîtres, les amis, les intimes.

Encore une fois, il est pratiquement impossible pour vous comme pour moi de retracer exactement la qualité de nos premières amours et tous les facteurs qui expliquent nos forces et nos fragilités. Une chose est sûre, en tout cas, c'est que malgré les mille et une possibilités qui favorisent ou défavorisent la formation d'un embryon, puis le développement d'un fœtus, vous avez eu la force de parvenir au premier cri. Cette force initiale et victorieuse de mille dangers demeure en vous, et elle s'acharne à vous garder dans la vie envers et contre tout. Vient un jour où nous devons prendre la relève de nos soutiens extérieurs dans le danger ou dans l'adversité, et cela peut vouloir dire : appeler au secours.

---

13. Voir les assises scientifiques de cette affirmation dans *Le bébé et l'eau du bain. Comment la garderie change la vie de vos enfants*, de J. F. Chicoine et N. Collard, Québec Amérique, 2007.

J'ai parlé à Germain un samedi soir juste avant la fin de mon quart d'intervention téléphonique. Âgé de dix-huit ans, il finissait brillamment une première session universitaire. Cependant, un drame familial était survenu un mois plus tôt et il ne parvenait pas à s'en remettre. Comme de nombreux ados, il était en conflit avec son père, et sa mère ne semblait pas comprendre quand il tentait d'exprimer quelque chose d'un peu profond. Je lui ai demandé s'il pouvait se confier à un ami et il m'a répliqué que de composer notre numéro ce soir-là lui faisait réaliser qu'il avait plusieurs camarades mais aucun ami véritable, en tout cas personne à qui révéler qu'il était tenaillé de plus en plus puissamment par le désir de se suicider. C'était devenu une obsession.

*— Je n'ai plus aucune motivation, aucun intérêt pour une profession ou un métier, pour quoi que ce soit. Rien ne me dit rien. Rien du tout. C'est tout noir.*

Il pleurait tellement que je me suis tue de longs moments pour le laisser remonter jusqu'à la parole.
— *Ça t'est déjà arrivé de ressentir ça ?*

— *Un peu quand ma blonde m'a laissé il y a plusieurs mois, mais rien à voir avec ce que je ressens maintenant. Je suis prêt à tout pour que ça finisse. À tout.*

— *Que cesse la souffrance ?*

— *Ça, ce que je ressens. Que ça finisse.*

Il avait tout prévu. Le moyen de se soustraire à « ça » était en place. Après un long échange :
— *Germain, maintenant que nous avons parlé un bon bout de temps, comment te sens-tu ?*

— *Ça m'a fait un peu de bien, mais tout reste noir.*

— *Qu'est-ce que tu comptes faire après l'appel ?*

— *Je vais être franc avec vous : je ne le sais pas.*

— *Je suis vraiment très inquiète pour toi, Germain, je vais t'envoyer du secours tout de suite.*

*— Comment vous allez faire ça ?*

Réfugié dans le fond d'une cour d'école, appuyé contre un mur, il avait composé notre numéro l'aide d'un téléphone cellulaire. Je lui ai demandé de préciser où il se trouvait pour que des policiers ou une ambulance le repèrent facilement.

*— Avec la sirène et tout le tralala ?*

*— Non, non. Tout va se faire bien calmement. On va t'amener dans un hôpital pour que tu trouves tout de suite une aide bien concrète. Nous sommes habitués de faire ça. Comment te sens-tu devant cette perspective ?*

*— C'est une grosse affaire !*

*— Oui, c'est une grosse affaire pour une immense souffrance, Germain. Nous allons continuer de nous parler jusqu'à ce que les secours arrivent.*

Quelques jours plus tard, nous avons pu apprendre que plusieurs des problèmes qui affectaient le jeune homme avaient déjà trouvé des pistes de solution et qu'il avait accepté de consulter un psychologue pour quelque temps.

De tous les appels auxquels j'ai répondu, celui-là reste sans doute celui qui m'a le plus profondément bouleversée. En y réfléchissant aujourd'hui, je crois que les sanglots irrépressibles de Germain jaillissaient de la même source que son premier cri, et qu'il a dû puiser dans sa force vitale la plus primitive pour nous téléphoner, puis accepter ensuite de saisir la main tendue. On appelle ça du courage et je souhaiterais qu'il vous inspire.

# L'EXPÉRIENCE
# UNIVERSELLE
# DU CHAOS

Des tonnes de mystère fourmillent au-dedans et autour de chacun, c'est ce qui permet aux artistes de créer, aux moines de prier et aux esprits d'interroger. Sans problèmes à résoudre, pas d'intelligence possible. Sans immaturité, pas de croissance. Sans le doute, pas de science. Sans explorations, pas de vérité, car une bonne part du réel reste enfoui dans des apparences : toute la gamme des couleurs se dissimule dans une goutte de pluie et le printemps se prépare sous des couvertures de glace. C'est aussi de l'absence de Dieu que la foi émerge ou non, que des croyants se révoltent et qu'on rencontre une foule de déprimés dans les Écritures bibliques. Même la poésie d'un saint François d'Assise puisait à une profonde mélancolie[14]. Qui sait si nos crises ne sont pas dans bien des cas un moment nécessaire ? Quoi qu'il en soit, des plus forts aux plus

---

14. Voir le beau livre de Jean-Marc Charron : *De Narcisse à Jésus, La quête de l'identité chez* François d'Assise, éd. Paulines, éd. Du Cerf, 1992.

faibles, la dépression attaque depuis des temps immémoriaux.

L'une des plus vieilles histoires du monde, en effet, raconte la crise suicidaire d'un homme héroïque qui avait un contact particulier avec la divinité. Au moment où Homère écrivait ses chefs-d'œuvre et où les Étrusques pénétraient en Italie, c'est-à-dire neuf siècles avant notre ère, un Hébreu du nom d'Élie traversa une dépression aussi néfaste que son caractère était audacieux et sa passion, fulgurante. Horrifié par un culte idolâtre de plus en plus en vogue auprès des Israélites et au nom duquel on s'adonnait à de véritables orgies couronnées par d'horribles sacrifices humains, il organisa l'assassinat de plusieurs hérauts de ce mouvement. Furieuses, les autorités du Royaume le pourchassèrent. Totalement découragé, il prit la fuite.

*(…) Il marcha dans le désert un jour de chemin et il alla s'asseoir sous un genêt. Il souhaita de mourir et dit : « C'en est assez maintenant, Seigneur ! Prends ma vie, car je ne suis pas meilleur que mes pères. » Il se coucha et s'endormit. Mais voici qu'un ange le toucha et dit : « Lève-toi et mange. » Il regarda et voici qu'il y avait à son chevet une galette cuite sur les pierres et une gourde d'eau. Il mangea et but, puis il se recoucha. Mais l'ange revint une*

*seconde fois, le toucha et dit : « Lève-toi et mange, autrement le chemin sera trop long pour toi. » Il se leva, mangea et but, puis soutenu par cette nourriture il marcha quarante jours et quarante nuits jusqu'au mont Horeb. Là, il entra dans la grotte et il y resta pour la nuit.* (1 Rois, 19, 4-9)

Le choix de cette grotte n'est pas fortuit et témoigne d'un trait typique chez nombre de personnes suicidaires : l'ambivalence. Bien qu'il souhaitât disparaître pour en finir avec son sentiment d'échec et son angoisse, Élie choisit néanmoins pour refuge la montagne où, d'après la foi des Hébreux, leur Dieu s'était manifesté à Moïse quatre siècles plus tôt. Il avait beau, encore là, en appeler à la mort, il se réservait tout de même une petite brèche pour l'impossible.

Vous penserez peut-être que ce récit n'est qu'une vieille fable. Peu importe, ce texte très ancien n'en demeure pas moins lumineux à plusieurs égards. En plus d'illustrer l'ambivalence inscrite dans le désir de mort, il souligne la nécessité pour une personne en détresse morale de recevoir une aide physique et psychologique : quelqu'un qui la touche doucement pour l'extraire de la passivité, qui lui prépare du pain, lui offre de l'eau et lui rappelle ses forces vives apparemment éteintes.

Dans la vie courante, il arrive à la plupart des gens d'être un ange un jour ou l'autre pour quelqu'un. Comme il arrive à la plupart des gens de rencontrer un ange sur leur chemin. Par exemple, un jour, profitant de sa pause-café à l'usine, une jeune femme a téléphoné à notre organisme. Elle voulait des conseils pour aider une adolescente suicidaire. Au fil de l'échange, j'ai appris qu'elle avait de son propre chef rencontré la psychologue scolaire, téléphoné à un psychiatre déjà consulté par la fille, prévenu la mère et organisé tout un filet de sécurité autour de l'ado. Je n'avais pas grand-chose à lui dire puisqu'elle avait déjà intuitivement mis en marche à peu près tout ce qui était souhaitable. Après avoir vérifié qu'elle respectait ses propres limites, je l'ai félicitée chaleureusement. « Y'a rien là, m'a-t-elle répliqué, à 15 ans et dans la merde jusqu'au cou, j'ai moi-même été sauvée par ma grand-mère, et cette fille-là, moi, je l'aime depuis sa toute petite enfance : j'étais sa gardienne. » D'un ange à l'autre, en raison des solidarités humaines, oui, des miracles se produisent.

L'ange d'Élie - dont on ne connaît ni le nom ni la nature - insista. Par deux fois, il le toucha, le nourrit et lui rappela la direction de sa route. Car il n'y a pas de guérison possible à rester seul et inactif dans l'angoisse insoutenable ou à ruminer une infinie déception. Il l'encouragea donc à marcher.

Et le prophète en fuite finit par se réfugier dans une fissure de la célèbre montagne où il réitéra sa plainte au Dieu de son peuple. Et son Dieu lui répondit. Tout est dans la manière ici et je ne peux pas résister à vous offrir ce bel extrait biblique.

> *Il dit : « Sors, Tiens-toi sur la montagne, face à Adonaï[15]. (…) Un souffle grand et fort ébranle les montagnes, brise les rochers. (…) Pas dans le souffle Adonaï. Et après le souffle, un séisme, pas dans le séisme Adonaï. Après le séisme, un feu, pas dans le feu, Adonaï. Après le feu, une voix, un silence subtil. Et c'est quand Élie entend, il emmitoufle ses faces dans sa cape. Il sort et se tient à l'ouverture de la grotte. Et voici vers lui une voix dit : « Comment, toi, ici, Élie ? »* (1 Rois 19,11-13[16])

Une voix lui parvient donc tout en douceur. Dans un silence à ce point silencieux qu'il s'entend[17]. Une attitude essentielle, la douceur, pour approcher la personne découragée nous est fortement suggérée par ce récit. Les croyants penseront que Dieu est formidable et rien n'empêche le lecteur

---

15. Adonaï, l'un des noms attribués à Dieu par les Juifs.

16. Cet extrait provient de la version biblique d'André Chouraqui dont la traduction serre au plus près le texte hébreu.

17. J'emprunte de mémoire cette expression à André Néher.

non croyant d'admirer la pédagogie que l'auteur biblique attribue à la divinité. Car, ce n'est pas tout. Comme si l'Éternel ignorait une part du mystère de l'autre, il lui demande ce qu'il fait là, ce dernier étant ainsi convié à exprimer directement son désarroi, de dire exactement ce qu'il ressent : « J'ai tout fait pour toi et voilà qu'on me pourchasse….», répète-il une dernière fois. Puis, finalement, un verbe lui est adressé, toujours le même dans de la part de Dieu : « Va! » Élie n'a pas terminé sa mission et le détail lui en est rappelé afin qu'il ne reste ni dans la déprime, ni dans la mystique mais revienne à la réalité. Et nous voici en présence d'une technique d'intervention des plus modernes : d'abord accompagner même physiquement la souffrance de la personne, lui permettre de ventiler ce qui grouille en elle, puis, en respectant ce qu'elle peut prendre, *toucher* en douceur sa conscience (ou son inconscient) afin de promouvoir concrètement sa remise en marche vers des lendemains envisageables[18].

---

18. On trouvera dans *Arroser les fleurs pas les mauvaises herbes*, de Fletcher Peacok (les éditions de l'Homme, 2007) des stratégies d'intervention susceptibles d'inspirer les proches et les intervenants des personnes fragilisées. Ces stratégies m'apparaissent étrangement proches du récit biblique cité.

Qui sait si la crise, comme dans le cas d'Élie et bien d'autres personnages bibliques, ne serait pas pour vous un moment charnière pour réévaluer les chemins empruntés jusqu'ici ou de discerner ce qui compte le plus parmi les valeurs servies jusqu'à maintenant ? Car il arrive que, déserté de tout, on puisse entendre le bruissement de l'indicible.

# DEUX PAROLES
# ESSENTIELLES

Habitant la zone grise déjà mentionnée, Paulette vivait depuis plusieurs années dans la pauvreté auprès d'un mari alcoolique. Dans sa quarantaine, on diagnostiqua une sclérose en plaques, et quand une amie l'amena presque de force au Centre communautaire, elle était en fauteuil roulant. Comme il ne lui restait plus qu'une certaine habileté manuelle, elle s'inscrivit au cours de dessin. À la première rencontre, elle esquissa de peine et de misère un papillon, et elle mit quelques années à comprendre qu'une part cachée d'elle-même, ce soir-là, dessinait son désir de liberté. Paulette ne parlait pas beaucoup ; elle dessinait, et c'était déjà un gros changement puisque, auparavant, elle ne quittait plus la maison où elle espérait que la mort vienne au plus tôt. De fil en aiguille, elle se mit à participer aux festivités communautaires et assista, un beau jour, à une pièce de théâtre donnée par des citoyens du quartier. Un coup de foudre. Malgré une certaine corpulence et des traits assez éloignés du modèle hollywoodien, elle avait toujours rêvé de faire du théâtre, ce qu'elle confia au metteur en scène, un animateur bénévole qui enseignait par ailleurs la physique dans un collège. Celui-ci décida de l'inscrire dans son atelier où explosa le talent de Paulette. Non seulement le théâtre la fit sortir de sa timide réserve mais aussi de son fauteuil roulant. Elle joua la première comédie munie d'une canne et la seconde sans aucun support. Elle était guérie. L'histoire incroyable de Paulette circulait non seulement dans le quartier mais à l'hôpital où elle avait été diagnostiquée puisque l'un des médecins, engagé dans un projet de médecine communautaire dans ce milieu, l'y avait soignée. Quand j'ai rencontré cette miraculée quelques années plus tard, elle s'apprêtait à partir pour l'Europe avec des amis. Pour que le papillon s'envole, il fallait d'abord que cette femme apprenne à parler, à crier, à bouger et à libérer un insoupçonnable humour, ce que lui permit l'activité théâtrale. Il fallait ensuite que chacun de ses progrès trouve une bénédiction quelque part, bref que sa parole naissante ou renaissante soit entendue et admirée. Là où la médecine avait échoué, l'expérience communautaire a progressivement réussi.

En réfléchissant à ce genre d'événements spectaculaires qui avaient cours dans ce centre d'éducation populaire, j'en suis venue à penser que le processus de guérison repose entre autres sur une double parole : celle que prononce avec difficulté la personne en souffrance et la parole d'autrui qui accueille et confirme la valeur du dire. C'est ce que j'appelle une bénédiction. Dans le cas d'Élie, d'après le récit biblique, la bénédiction lui vint d'une présence silencieuse. Quant à Paulette, elle reçut l'admiration des animateurs, des coéquipiers et de tout un auditoire. Même son système immunitaire en fut bouleversé.

N'est-il pas notoire que souvent – et j'insiste sur l'adverbe parce que ce n'est pas toujours le cas – nos plus proches ignorent comment nous aider ? Comme s'ils ne savaient pas vraiment qui nous sommes devenus avec le temps. Ils nous ont pour ainsi dire fixés dans une identité superficielle et nous avons fait la même chose envers eux si bien que nous avons perdu le contact mutuel avec le fond de l'être. J'en veux pour exemple une expérience étonnante que j'eus l'occasion de vivre dans les années 1980.

Une communauté monastique me demanda d'écrire un livre sur la vie contemplative, la leur en fait. Une expérience inespérée pour un écrivain que les monastères intriguaient depuis longtemps. Au début de mes nombreuses rencontres avec les Sœurs, l'une d'elles me dit : « Quoi que tu écrives, chacune de nous reconnaîtra la sœur dont il est question parce que nous nous connaissons toutes par cœur. » « C'est ce que nous allons voir ! », me suis-je dit intérieurement.

Quand une personne entre dans un monastère, elle s'engage à vivre avec les mêmes individus pour le reste des jours. Des décennies de vie commune dans laquelle se déploient les tempéraments, les manières (les manies), les talents et les limites de chacun en présence de tous. Un gros défi pour la vertu de charité qui n'est pas loin finalement de l'amour inconditionnel dont il n'est pas sûr qu'il soit possible. Or, au cours de mes interviews, je découvris que parmi les religieuses, quatre avaient eu le malheur de traverser une plus ou moins longue éclipse de la foi. Imaginez des heures et des heures de prière prononcée dans l'absence de foi et, de surcroît, sans en toucher un mot à qui que ce soit. Évidemment, l'importance de tels témoignages ne pouvait pas m'échapper et je décidai de proposer aux quatre moniales une rencontre commune en vue d'écrire un chapitre sur le sujet. À ma grande surprise, elles ont accepté de dévoiler cet éprouvant épisode de leur vie monastique devant les trois autres. Nous nous sommes donc retrouvées dans la bibliothèque un samedi matin et bien que le soleil entrât par toutes les fenêtres, nous avons retracé le désarroi spécifique de chaque éclipse. Quelque temps plus tard, je lisais ledit chapitre au micro pendant le souper des moniales, elles-mêmes toujours en silence pendant les repas. Les « quatre nuits » [19] attendaient ce moment avec une hâte mêlée d'anxiété bien que le texte leur attribuât un pseudonyme. Quand j'arrivai au point final, la quarantaine de femmes assises chacune à sa place avaient terminé le repas. Mais, contrairement aux habitudes, personne ne bougeait. Concentrée dans une étrange immobilité, le regard perdu dans son plateau ou les yeux fermés, chacune laissait l'écho du chapitre inattendu pénétrer son âme. Quelques-unes pleuraient et les quatre Sœurs impliquées me signalaient leur complicité par un sourire discret. Personne ne savait qui de leurs sœurs avait traversé une telle épreuve durant de longs mois, sinon quelques années. Des minutes de silence inoubliables qui parlent fort d'un phénomène pratiquement universel : à trop connaître ses plus proches dans la vie quotidienne, on perd de vue leur profondeur. Plus que ça : on risque de les maintenir prisonniers de leurs apparences. Quand un trait chez le frère, la sœur, la mère, le mari ou le père nous énerve, on s'attend tellement à ce qu'il apparaisse qu'on l'induit, et voilà qu'il se déploie. C'est ce qu'on croit connaître par cœur qui est induit chez l'autre plutôt que la richesse acquise avec le temps et qui croît dans

19. Ce chapitre, intitulé « Les quatre nuits », couvre les pages 151 à 159 de *Entre le fleuve et l'infini*, Andrée Pilon Quiviger, Bellarmin-Cerf, 1988.

l'originalité. Ce que les plus proches s'attendent à
voir ou entendre de notre part n'a quelquefois rien
à voir avec notre identité profonde, et c'est pourquoi nous nous sentons souvent beaucoup plus
mal à l'aise parmi les membres de notre famille
qu'auprès de nos meilleurs amis qui ne nous ont
pas figés dans une silhouette indélébile. Au milieu des nôtres, on se remet parfois dans la peau
de l'enfant ou de l'ado que nous étions plutôt que
de rester dans celle de l'adulte que nous sommes
devenus

Vous qui, pour mille et une raisons possibles,
stagnez aujourd'hui dans un désert, vous avez
d'autant plus de chances de trouver une oasis que
quelqu'un vous révélera le meilleur de vous-même
dont vous avez perdu la trace. Et ce quelqu'un ne
sera pas toujours un proche parent ni un amateur
de *psycho* ou de *philo-pop*. Il existe d'excellents
cliniciens qui produisent ce genre de résultat et de
nouveaux amis vous attendent peut-être dans une
chorale, un centre de loisirs, une équipe sportive
ou un club de tricot. Et encore une fois, si vous
hésitez à vous confier à une personne chère « parce
qu'elle est trop occupée », demandez-vous ce que
vous feriez, de votre côté, si un ami se suicidait
sans vous avoir prévenu de sa nuit intérieure.

# L'ATMOSPHÈRE PSYCHO-POP CONTEMPORAINE

Il y a quelques années, un journaliste bien connu animait à la télé nationale une émission d'information en début de soirée. Il terminait chacune à peu près comme suit : « Nous serons de retour demain soir à la même heure. D'ici là prenez soin de vous. » J'avais écrit au journaliste en question qu'il pourrait peut-être, de temps en temps du moins, inviter son auditoire à prendre soin des autres, mais je n'ai jamais eu de réponse et le boniment est, bien sûr, resté le même. De quel droit, je me demande, valider à ce point la culture narcissique dans laquelle nous sommes enlisés jusqu'au cou ? D'accord, le mouvement du balancier n'a pas encore trouvé son empan d'équilibre, et nous avons infiniment plus de possibilités que nos arrière-grands-parents de poursuivre maintenant chez nous l'épanouissement de nos facultés, le succès, le plaisir et la prospérité personnels. Et c'est très bien, mais cela ne justifie nullement qu'on valorise publiquement le repli sur soi responsable de tant de malheurs dans le monde et dans notre gestion de la planète !

Au moins deux bonnes raisons éthiques prêchent contre la manière contemporaine d'appuyer à peu près toutes les publicités sur l'apparence et l'unique bien-être personnels. La première, c'est qu'une majorité de frères humains dans l'univers vivent dans la misère et en appellent à une juste répartition des chances de bonheur. La seconde raison tient dans les effets délétères du repli sur soi à plus ou moins long terme. Nous avons tous l'expérience ou l'intuition de l'assèchement du cœur et du sentiment de vide auxquels conduisent les préoccupations trop exclusivement individuelles. Il n'y a pas de valeurs profondes ou d'existence dynamique sans ouverture à l'autre. Nous connaissons tous, du moins de nom ou de réputation, quelque héros des temps modernes -chez nous et ailleurs- qui resplendissent de se préoccuper d'autrui. Aucune crème de beauté ne produit l'éclat d'un visage illuminé par l'amour ou l'engagement. Hélas, tout un pan de ma génération a profité abondamment des avantages de la Révolution tranquille sans s'interroger sur les effets néfastes d'un individualisme exacerbé.

Si vous pensez que j'erre complètement en abordant ce thème de l'ouverture à l'autre alors que vous ployez dans la difficulté de supporter votre propre vie, détrompez-vous. Il est absolument nécessaire que vous ne vous perdiez pas de vue et que vous parveniez au moins à vous alimenter et à dormir le mieux possible. Il est aussi essentiel, je pense, que vous parveniez à ouvrir une brèche si petite soit-elle sur le monde extérieur. Autrement dit, on ne prend pas vraiment soin de soi quand on reste replié. D'ailleurs, dans la plupart des cas, une crise profonde ouvre furtivement des passages inédits d'accomplissement[20], tout comme les bourgeons couvent sous la neige malgré les apparences. Rappelez-vous vos premiers apprentissages sur la patinoire du village ou de votre quartier. Dès le premier essai de l'hiver suivant, vous vous rendiez compte que les trois saisons d'interruption vous avaient fait progresser. Malgré la brume dans laquelle vous croyez stagner en ce moment, votre souffrance n'est pas sans fécondité.

Beaucoup d'entre nous, les sexagénaires, avons bien pris soin de notre corps, de notre peau, de notre apparence, de nos avoirs, de nos avantages sociaux, de nos hormones, de notre carrière mais au détriment peut-être de la génération suivante qui manque cruellement de figures d'identification pour découvrir des valeurs qui transcendent le

---

20. On a appelé « résilience » le fait qu'un malheur devienne source de croissance personnelle. C'est de ce phénomène que parle Boris Cyrulnik, spécialement dans *Un merveilleux malheur*, éd. Odile Jacob, 1999.

*je-me-moi.* Une masse de jeunes gens désespèrent de trouver des sens qui illumineraient leur vie et donneraient quelque valeur à leurs efforts. Ils sont beaux et angoissés. Certains ne donnent pas cher de la vie elle-même.

# LA GRAVITÉ DE GABRIEL

J'attendais le fils d'une amie vers dix-huit heures. Je l'avais à peine croisé chez ses parents quelques années plus tôt. Or, entre treize et dix-sept ans, il en implose des cellules dans un ado si bien que je n'avais aucune idée de qui allait sonner à ma porte. C'était l'hiver. J'étais un peu nerveuse. Être choisie par un jeune homme pour l'accompagner dans un espace de réflexion est certes un privilège mais qui n'est pas sans conséquence. Connaissant ses parents, je devinais que Gabriel n'allait pas me parler du froid glacial de ce jour-là ni de la chanson en tête du palmarès. Bref, je me demandais si j'allais être à la hauteur. En tout cas, quand j'ai ouvert la porte, c'est sur le bout des pieds que je dus lui faire la bise et une belle fossette sur chacune de ses joues invitait sans préambule aux connivences.

En face d'une conscience deux fois plus ouverte et trois fois plus inquiète que ne l'était la mienne au même âge, je buvais les phrases de ce beau garçon qui avait l'air d'aimer ma soupe, c'est déjà quelque chose ! Il ne jugeait pas notre génération, il souffrait du monde dans lequel il entrait. Aucune hésitation dans le verbe. Nulle question banale, pas de dogme rassurant. De la cohérence d'un bout à l'autre du discours. On appelle ça de la rigueur et son prof de philo était, à ce titre, pitoyable, m'a-t-il confié. (On ne mesure pas tout le dommage que produisent les enseignants superficiels et paresseux.) Gabriel cherchait de la tranquillité, une réassurance, du sens ; il avait du mal à dormir et penser devenait périlleux. Une voix d'homme. D'autant plus à risque qu'il se tenait déjà debout dans l'époque et que l'ouverture de la conscience rend plus vulnérable. Je n'avais pas grand chose à dire et cela n'avait pas tellement d'importance. Entre les mots et les silences, les constructions logiques et les transparences de l'âme, entre le clair et le voilé, j'entendais le verbe être à l'infinitif. Comme seules les jeunes personnes savent le prononcer, elles qui n'ont pas encore choisi la direction dans laquelle devenir. Les adultes qui les envient ont perdu le souvenir de cette inconfortable posture dans l'univers.

Il est des enfants qui naissent avec une âme à fleur de peau. Les moindres irritants du réel les écorchent et, la plupart du temps, ils aiment la musique. Tirée du silence comme la fleur d'un bourgeon, la musique adoucit les gerçures, contourne nos boucliers et délivre l'amour. Gabriel a l'oreille juste et du rythme plein les doigts ;

la musique l'a élu. Ce n'est pas rien : il n'y a pas d'art qui porte davantage à fraterniser. Or Gabriel a des amis d'art. Un vrai salut, pensai-je.

Les heures ont filé. Il y aura cours demain. Le prochain autobus passera dans quelques minutes. Emmitouflé dans son parka rouge, mon visiteur lance à la sauvette :

– *J'aimerais croire en Dieu. Ça me rassurerait j'imagine. Mais je n'y arrive pas. Et toi ?*

– *Je crois en Dieu, mais cela ne me rassure pas du tout, Gabriel. La foi ouvre sur de grandes responsabilités. En revanche, elle peut éclairer la direction de toute une vie.*

– *C'est la première fois que j'entends ça.*

Il est parti laissant traîner pour longtemps dans ma maison l'esprit d'une génération étincelante d'intelligence, en manque de sens et solitaire. Je voudrais demander à tous les Gabriel : veuillez nous pardonner le prix que vous coûtent nos excès narcissiques. Je vous supplie d'injecter de la conscience dans le sang du monde et vous souhaite de trouver quelques adultes inspirants autour de vous.

Il y a quelques années, je demandais à la fin de chaque session à des étudiants de dix-neuf et vingt ans quel adulte de leur entourage les inspirait le plus, c'est-à-dire stimulaient leur élan vers l'avenir et témoignaient de buts qui valent notre peine. Une grande majorité identifiait la figure d'un grand-père ou d'une grand-mère.

# MA GRAND-MÈRE

Mon grand-père, Antoine, est né aux Éboulements ; ma grand-mère, Marie, dans un village du Lac Saint-Jean. Ils se sont néanmoins rencontrés dans un carrefour montréalais où Antoine dirigeait le trafic et que Marie traversait chaque matin pour se rendre à l'usine Lowney's. D'après les photos, elle était magnifique et lui, d'une imposante stature joufflue sous sa casquette de policier. Je les ai connus, bien sûr, mais superficiellement. Dans le kaléidoscope de mes souvenirs, s'éparpillent des odeurs de pipe dans le vieux rez-de-chaussée de la rue Bourbonnière, une nappe lourdement frangée sur la table ronde, une cave remplie de conserves, un déroutant crachoir près de la chaise berçante, le fumet d'une soupe au poulet, une barre de savon rouge dans la salle de bain, deux petites clôtures en treillis sur la limite des parterres, les lunes de miel du commerçant d'en face, les bottines vernies de l'ex-capitaine, l'épluchage permanent dans la cuisine et, tout au centre, voluptueux, le rire de ma grand-mère. Un rire unique encore tapi dans mon oreille, dont un écho rejaillit parfois des jeux de mes petites-filles.

Marie perdit sa mère très jeune et son père se re-
maria quelques années plus tard. D'après les ré-
cits dont quelques bribes affligeantes parvenaient
à nos oreilles d'année en année, nous avons fini
par comprendre que notre arrière-grand-père
avait épousé en seconde noce une marâtre dont
Marie devint le malheureux bouc-émissaire. Privée de l'école, elle devait entretenir les vêtements
et la maison, se contenter d'une maigre pitance
et s'occuper des nouveau-nés. Pendant la messe
du dimanche, elle frottait les planchers au savon
Barselou sans égard pour ses doigts meurtris tout
en profitant des piétés du reste de la famille pour,
tremblante, se gratifier en catimini d'une tartine
de confitures. Méprisée et pratiquement tenue en
esclavage, elle se taisait. Néanmoins, des voisins
bienveillants, conscients de cette maltraitance,
complotèrent avec le père sa fuite vers la métropole pendant une messe dominicale, salutaire
celle-là. Elle avait seize ans. Une tante, adorable
paraît-il, l'accueillit et s'occupa de son éducation
jusqu'à ce que Antoine la remarquât au milieu du
trafic.

Nous avons eu vent de ses séjours répétés à l'hôpital entre deux accouchements. Une santé fragile,
disait-on. Des épisodes de dépression profonde,
avons-nous deviné. Nous avons appris également
que le sixième enfant de ma grand-mère était

tuberculeux et mentalement retardé. Elle s'était présentée un jour à l'Oratoire Saint-Joseph pour demander sa guérison au Frère André, mais le saint homme ne l'avait pas bien reçue et, quoiqu'elle demeurât exemplaire de foi profonde, de douceur et de bonté, elle en garda une grosse dent contre lui. Le miracle était ailleurs. Derrière des lunettes rondes, ses yeux gris portaient sur chacun de nous un regard bouleversant de tendresse et un rien de langueur dans les pattes d'oie. Nous avions de la chance, pensait-elle probablement, et elle nous pinçait les cuisses pour vérifier notre état de santé d'après leur fermeté. De candeur ou de compassion à fleur de peau, elle pleurait à chaudes larmes en regardant des films de guerre ou d'amour. Nous la consolions tous dans les mêmes termes : « Ce n'est pas pour vrai, grand-maman, c'est du cinéma... » Puis elle éclatait de rire. Un rire d'enfance éternelle, clair et généreux comme sa poitrine. Un rire d'envers et contre tout, victorieux de mille malheurs, un rire de résilience. Une inspiration. Je rêve encore de toi, Marie. Mon héroïne ! mon *Aurore* du Saguenay.

Peut-être Gabriel est-il assez proche d'une certaine vérité. Il fut une époque où croire en Dieu non seulement rassurait mais guérissait. Une imbuvable soumission peut-être, de la crédulité à revendre sans doute et des traditions aliénantes

certainement, mais le témoignage sans prix d'un
irréductible courage et d'une bonté à toute
épreuve. Pour notre part, que laisserons-nous à
nos petits-enfants si, d'un crépuscule à l'autre,
profitant d'incommensurables progrès technolo-
giques, scientifiques, éducatifs, économiques et
politiques, chacun ne s'affaire d'un crépuscule à
l'autre qu'à prendre soin de lui-même?

# DES SURPLUS D'ÂME

Depuis la fugue de Marie vers la grande ville et les tendances dépressives dont ses descendants ont sans doute hérité quelques relents, non seulement les sciences humaines ont fait des pas de géant, mais les approches psychothérapiques ne cessent de se multiplier et des publications *psycho-pop* renouvellent constamment le présentoir des nouveautés. Chacun tend à tenir sa méthode clinique pour la découverte du siècle pendant que des charlatans tiennent leur carte d'affaires pour un diplôme. Certains codes d'éthique professionnelle exigent d'appuyer les programmes d'intervention sur des principes scientifiques reconnus bien que, c'est une évidence, la psyché humaine échappe encore dramatiquement à la méthode scientifique. Et même si, comparativement à nos grands-parents, nous disposons de moyens matériels et médicaux incomparables de nous dorloter, les dépressions ne cessent d'augmenter et les lignes téléphoniques offertes aux personnes désespérées reçoivent, dans la seule métropole, quelques dizaines de milliers d'appels par année. Tout cela parle d'un divorce entre la connaissance et les manières dont se maintient – dans la réalité – un

équilibre intérieur. Tout cela parle aussi de la
fumée que représente pour notre psyché la pour-
suite effrénée des valeurs matérielles et des profits
narcissiques. Notre bonheur aurait-il besoin qu'on
s'attache à des valeurs immatérielles qui nous
ouvrent sur autrui ?

Il n'y a pas de remède absolu ni de miracle à
portée de la main pour vous guérir, mais vous su-
birez toujours un petit choc salutaire quand vous
toucherez un surplus d'âme chez quelqu'un, ou
dans la nature, ou dans une œuvre d'art. Je suis
sûre par exemple que, parmi tant d'autres, Mozart,
Jean Sébastien Bach, Rembrandt et Van Gogh
auront jeté beaucoup de lumière dans le cœur
du monde. Il arrive également que, au pied des
Rocheuses, sur l'aube d'un désert ou devant un
crépuscule en haute mer, une existence change
complètement de cap. Entre autres, j'ai déjà entendu le témoignage d'un incroyant français qui,
embrasé par un coucher de soleil nord-africain, a
soudainement décidé de donner tout ce qu'il avait,
de rompre avec ses habitudes d'heureux célibataire
et d'abandonner sa carrière d'ingénieur pour en-
dosser la bure d'un moine. Ce sont des choses qui
arrivent pour vrai : une explosion de beauté dans
la nature, un vitrail de cathédrale, un livre puissant ou un surplus d'âme dans une personne peuvent vous toucher profondément et conforter le

meilleur en vous, même chambouler la direction
de votre vie, ou renverser votre échelle des valeurs.

Un surplus d'âme dans une personne se perçoit
tout de suite à la manière dont elle se quitte elle-
même pour entrer en contact : elle vous reçoit sans
bouclier derrière le front, vous écoute sans poursuivre intérieurement son propre discours et ne
filtre pas le vôtre dans la passoire de ses convictions. Au-delà des apparences, elle accueille la part
d'indéchiffrable en vous. De telles rencontres sont
rares et ne durent parfois qu'une minute, mais
elles ouvrent une brèche dans vos cachots et donnent à vos talents le goût d'aller dehors. Cela peut
arriver n'importe quand et n'importe où, mais les
chances sont plus nombreuses si vous ouvrez votre
porte et regardez dehors. Parfois le surplus d'âme
arrive droit sur vous.

C'était un mauvais hiver, je sortais de la banque.
Dans une forme on ne peut moins resplendis-
sante, je doutais de tout ce que je faisais, des
tensions conjugales grugeaient ma paix intérieure
et je me demandais comment j'allais payer mes
impôts quand, levant la tête, j'aperçus une dame
âgée, arrêtée sur le trottoir, la main sur le cœur.

— *Ça ne va pas ?*

— *Ah ! Le trottoir est tellement glissant aujourd'hui, je pense que mes semelles de bottes ne sont pas...*
*Montrez-moi comment sont les vôtres.*

Bloquant le passage aux rares piétons, nous nous montrons mutuellement nos semelles pour constater que les miennes, en effet, sont beaucoup plus adéquates pour affronter les sections pentues d'un trottoir givré.

— *Prenez mon bras, je vais vous accompagner jusque chez vous. Donnez-moi votre sac d'épicerie tant qu'à faire.*

— *Mais vous allez par là vous aussi ou ça vous fait faire un détour ? Ça n'a pas de bon sens ; vous avez certainement quelque chose à faire. Personne ne vous attend ? C'est beau la jeunesse !* souriait-elle en me dévisageant.

— *Je pense que vous ne m'avez pas bien regardée : je ne suis pas si jeune.*

Elle tourne à nouveau la tête :
— *Ah oui, vous êtes toute j.... Ah ! Là, tiens, quand même des plis plus creux. Quel âge vous*

*pouvez bien avoir? En tout cas, vos bottes sont meilleures que les miennes. Vous avez certainement un ami, un mari… quelqu'un, non?*

— *Oui, je suis mariée.*

— *Il vous attend peut-être; il va s'inquiéter… Alliez-vous dans la même direction?*

— *Non, personne ne m'attend à cette heure-ci. Je ne suis pas du tout pressée. Je peux aller jusque chez vous.*

Une sirène coupe notre dialogue.

— *Encore une ambulance! Ce doit être un vieux de chez nous. J'habite à la résidence là-bas. On est tous des vieux et il en meurt à tout bout de champ. Tiens, regarde ce trottoir, si c'est pas glissant un peu!* (Elle me tient très fort.) *Vraiment, vos bottes sont meilleures que les miennes. Avez-vous des enfants?*

— *Oui, trois.*

— *Ah! Moi, je ne me suis jamais mariée. Mes parents étaient égoïstes, je pense. Ils avaient besoin de moi pour boucler les fins de mois. Je les aidais en travaillant comme servante dans des maisons privées. Mon père se cachait pour boire et je pense bien que ma mère n'a jamais accepté ça. Mes frères se sont mariés, mais moi, personne ne m'a jamais encouragée à trouver un mari. Ni mon père, ni ma mère ne m'ont jamais dit : « Tiens, ce serait un bon parti pour toi. » Vous, vous êtes bien mariée au moins ?*

Elle s'arrête et me regarde droit dans les yeux. Je fais signe que « oui ».

— *J'aurais tellement aimé ça avoir des enfants. Ils sont comment les vôtres ?*

— *Ils sont grands maintenant. Ils sont merveilleux.*

— *Ils étudient tous les trois ? C'est pas facile le mariage. Il faut que chacun mette de l'eau dans son vin. Vous, ça va votre mariage ?*

— *Oui, parfois les trottoirs sont plus glissants, mais ça va.*

Elle rit de bon cœur. Nous faisons de tout petits pas. Et je commence à trouver cette rencontre formidable.

— *Il faut que chacun mette de l'eau dans son vin.*

*En tout cas, c'est ce qu'on dit ; moi je n'ai pas l'expérience. Pourquoi vous faites ça pour moi ? C'est le Bon Dieu qui vous envoie. Vous le connaissez ce gars-là ?*

*— Un peu, mais êtes-vous sûre que c'est un gars ?*

Elle rit tellement que nous devons nous arrêter encore un moment.

*— C'est vrai, on ne se pose jamais la question. Comme ça, vous le connaissez un peu le Bon Dieu. C'est bien beau la prière et les mains jointes, mais c'est plus important, il me semble, d'avoir les mains ouvertes. Y'a pas grand monde qui s'arrêterait comme ça... Vous le faites pour le Bon Dieu, ça c'est sûr.*

*— Mais pas du tout. Je le fais pour vous. Vous paraissez si gentille !*

*— Les Juifs, ils s'aident entre eux,* me lance-t-elle de but en blanc.

*— Vous connaissez des Juifs ?*

*— Oui, j'ai travaillé dans une famille juive. J'étais bien, là. La dame m'a donné beaucoup de choses. C'est elle qui a trouvé mon appartement à la*

*résidence. Ils sont bons les Juifs, j'ai remarqué ça. C'est bien beau la prière, mais c'est encore mieux d'avoir les mains ouvertes. J'en reviens pas que vous veniez comme ça...*

— *Avez-vous des amis à la résidence ?*

— *Des amis ? Ah non ! Tout le monde fait sa petite affaire. Peut-être que c'est mieux comme ça.*

— *Vous ne vous ennuyez pas ?*

— *Non, je reprise ; je tricote. Autrefois, je tricotais les bas de toute la famille. Le soir, j'écoute un peu les nouvelles.*

Nous sommes presque arrivées. Elle s'arrête et le regard sur l'horizon :
   — *Ce qu'on entend aux nouvelles... Je ne sais pas... La vie est un combat.*

Un silence, puis nous voilà dans le couloir du rez-de-chaussée. Elle ne m'invite pas chez elle et je comprends que, de nos jours, on fait mieux d'être prudent.

— *Moi aussi, je tricote les bas de toute ma famille.*

— *Vous aussi ?*

Elle m'adresse un regard tellement sceptique que je m'assois, j'enlève mes bottes et lui montre mes chaussettes.

> – *Ces bas-là ? tricotés à la main ? avec des aiguilles ? comment vous les faites les talons ?*

Pendant mes explications, un minibus s'arrête devant la porte, laissant descendre une vingtaine de personnes âgées apparemment très contentes de leur voyage.

> – *Vous voyez. Personne ne m'a dit qu'il y avait une sortie aujourd'hui. On ne sait rien. On ne nous dit rien. Peut-être qu'il faut payer... peut-être que c'est gratuit. Je ne sais même pas où ils sont allés. Moi, j'ai une petite pièce et demie. Je ne suis pas riche. C'est la dame juive qui m'a trouvé cet appartement.*

Je lui remets son sac de pains tranchés :

> – *Je vais vous laisser mon nom et mon numéro de téléphone. Les jours de givre, je pourrais faire vos courses si vous voulez.*

> – *Ah ! Pensez-vous. Il faut que je sorte le plus possible si je ne veux pas trop vieillir.*

> – *Vous ne m'avez pas dit votre âge.*

Elle déchiffre tranquillement mon écriture sur le bout de papier tiré de ma poche.

– *Quatre-vingt-trois ans. Comment ça se dit votre nom ? Ce n'est pas un nom de par ici, ça ! Je n'ai pas le téléphone.*

– *Maintenant, vous connaissez mon nom, puis-je savoir le vôtre ?*

– *Moi, c'est Bélanger.*

Dans « Bélanger », il y a bel ange ! Et tout cela eut lieu, vous ne me croirez pas, sur la rue Lang*e*lier.

Il y a onze ans de cela. En rentrant à la maison cet après-midi-là, je me suis empressée de détailler l'événement par écrit pour n'en rien oublier. Puis j'ai déposé le texte dans une filière. Rendue à ce moment-ci, je voulais retracer pour vous une expérience qui témoignerait concrètement du petit choc salutaire que produit la rencontre d'un surplus d'âme dans une personne humaine, et je trouve cet exemple lumineux. Je vivotais alors dans un équilibre fragile : une rupture fondamentale se préparait ; j'étais profondément triste et divisée. J'avais dû faire un gros effort pour aller à la banque ce jour-là : il faisait gris et le verglas de la veille n'avait pas fondu contrairement à ce que j'allais constater de mon compte de banque. Par ailleurs, je venais d'entamer une aride réflexion spirituelle qui m'avait conduite aux études de la langue hébraïque et de la pensée juive. Or, voilà qu'une octogénaire peu instruite et mal nantie, bras dessus bras dessous, me parle tout bonnement de tout ce qui me tenait au cœur : l'eau dans le vin conjugal, la richesse inégalée de l'expérience maternelle, l'essentielle ouverture de la main, l'individualisme ambiant, l'expression concrète de la foi juive, la part impénétrable de Dieu, le combat de la vie d'après les nouvelles du monde et, de petits pas en petits pas, le plaisir de tricoter des bas pour toute la famille. Que faudrait-il de plus pour reconnaître la touche d'un ange ? Une seconde de plus ou de moins, et rien n'aurait eu lieu. J'aurais pu ne pas la voir ou, l'ayant aperçue, lui sourire et repartir. Elle aurait peut-être perdu l'équilibre sur la glace et moi, dans mes sombres pensées. En tout cas, une vraie combattante, mon ange du trottoir : sans amour, sans enfants, sans amis, sans argent, sans téléphone, objet d'indifférence aux alentours et de tristes souvenirs dans la mémoire, elle tenait tout de même à marcher le plus possible... pour ne pas trop vieillir. Quoi qu'on ressente à propos d'elle, la vie tient à nous.

# LA VIE NOUS TIENT

Votre cœur peut en avoir assez pris et ne plus tenir à la vie ; votre intelligence, enfoncée dans les problèmes, ne plus entrevoir d'autres solutions que la mort. Pourtant, la vie, elle, tient à nous. Il suffit d'avoir assisté à une agonie pour découvrir à quel point le corps résiste à sa fin autant qu'il peut. À tout moment, la vie lance des appels à la croissance de quiconque respire sur la terre humaine. Tout d'abord, des appels à se développer soi-même. Cela se manifeste déjà dans l'effort inouï des bébés pour tenir leur tête droite, puis leur colonne vertébrale bien verticale et, un beau jour, marcher librement d'une chaise à l'autre, puis d'un but à un autre et, finalement, d'un projet à un autre. Une route universelle vécue à la première personne du singulier et dont personne ne pourrait copier parfaitement l'itinéraire tant sont nombreuses, complexes et subtiles les conditions dans lesquelles chacun prend place dans l'existence. Malgré le découragement qui s'abat sur vous aujourd'hui, vous avez été ce bébé, puis cet enfant qui a produit tous ces efforts pour croître, apprendre et devenir. Peut-être est-ce cet enfant-là qui vous crie le plus fort : « ne meurs pas. »

Nous sommes tous déterminés par une foule d'événements, de dépendances, de rencontres, de limites personnelles et par l'histoire même politique dans laquelle nous sommes inscrits. Marie n'a pas choisi sa marâtre et Madame Bélanger aurait pu ne pas connaître la famille juive qui l'a soutenue au bon moment. Gabriel n'aurait probablement pas mené le même type de réflexion s'il avait vécu au XVII$^e$ siècle, et la généreuse ex-gardienne qui faisait des pieds et des mains pour sauver une ado du suicide aurait sans doute éprouvé plus de difficultés si elle n'avait pas disposé des diverses ressources psychosociales de notre milieu. Que serait devenu Germain s'il n'avait pas composé 9-1-1 ce soir-là ? Bref, notre existence est pleine de surprises et de déterminismes mais, en revanche, elle est fortement marquée par les choix de notre liberté qui garde tout de même une certaine marge pour accomplir des pas intentionnels. Personne n'a obligé Gandhi à consacrer sa vie à la libération des Indes du colonisateur britannique, et c'est en toute connaissance de cause qu'Ingrid Bétancourt a brigué les suffrages de la présidence colombienne au risque d'être enlevée par une milice adverse qui l'a gardée captive pendant plusieurs d'années. Il y a beaucoup de choses qu'on ne choisit pas dans la vie – rares sont ceux qui croient que nous avons choisi de naître –, mais on peut prendre des décisions tous les jours. C'est ici qu'intervient un autre type d'appels à la croissance que nous lance la vie à tout moment : celui des valeurs qui nous dépassent et demandent d'être incarnées dans la vie concrète, chacun selon sa mesure. Même quand on a perdu l'estime de soi, que le sentiment de la valeur personnelle s'est transformé en répugnance, même là, des valeurs plus hautes que nous continuent de nous interpeller.

C'est pendant la longue période de notre adolescence – entre autres marquée par la maturité de nos capacités intellectuelles et le besoin d'appartenance – que nous rencontrons les valeurs pour, finalement, choisir celles qui ont des chances de dynamiser notre avenir. Chaque époque privilégie plus ou moins son échelle des valeurs dans une société donnée. Elles flottent pour ainsi dire dans notre atmosphère et nous y adhérons souvent sans trop nous en rendre compte, poursuivant à peu près les mêmes buts que la majorité sans trop nous interroger sur la profondeur et la fécondité de notre manière d'être ou de vivre en regard de l'entourage (et l'entourage, aujourd'hui, c'est la planète entière). Par exemple, si les Gabriel souffrent du monde dans lequel ils entrent, c'est entre autres parce que, en dehors de la famille dont ils doivent se détacher, ils ont du mal à trouver des lieux, une cause ou des projets qui mettraient en œuvre leurs aspirations les plus profondes. Et les aspirations de la jeunesse tournent souvent autour de valeurs qui font appel entre autres à la communication, à la solidarité et à l'authenticité. Plus les ados s'inscrivent dans une atmosphère sociale qui privilégie le bien-être individuel, plus ils risquent de voir leurs aspirations fondamentales déprimer. Certains en éprouvent de profonds malaises, de la souffrance ou de la révolte. Une majorité de jeunes adultes finiront cependant par privilégier le bien-être individuel : ils ne feront pas d'histoire, choisiront un métier payant et mettront leurs enfants en garderie à bas âge parce que *tout le monde le fait*. Comme la plupart d'entre nous, les jeunes adultes tendent à tirer leur épingle du jeu et ils accordent souvent beaucoup d'importance au soin de leur personne parce que c'est la valeur qui flotte avec le plus de brillance sur notre monde bien nanti. Toutefois, il n'est pas certain qu'ils aillent au bout de leur propre croissance ni qu'ils améliorent l'humanité dans laquelle nous vivons : « C'est la fièvre de la jeunesse qui maintient le monde à la température normale. Quand la jeunesse refroidit, le reste du monde claque des dents. »[21]

---

21. Georges Bernanos dans *Les cimetières sous la lune*.

Être nostalgique d'une ancienne échelle des valeurs ne correspond jamais aux appels d'une
époque donnée, et la nostalgie ne rapporte rien.
Le monde est en marche, et ce qui nous interpelle
va toujours dans le sens d'une espérance de progrès ici et maintenant. L'une des valeurs que notre
moment historique appelle désespérément chez
nous, me semble-t-il, s'apparente à une expression
de mon ange du trottoir : *les mains ouvertes*, ce qui
va tout à fait à l'encontre du populaire « prends
soin de toi ». En tout cas, je parierais gros que vous
qui hésitez sur le seuil de la mort, avez cruellement manqué de mains ouvertes, d'une âme claire
ou d'un cœur gratuit qui vous accueille à un moment ou l'autre de votre vie. Et je suis à peu près
sûre que si vous décidez finalement de choisir la
vie, vous entendrez mieux que la majorité les
appels des valeurs les plus urgentes sur notre
monde. Quand on descend comme vous y êtes
dans de profonds abîmes, on développe une oreille
particulière pour entendre ce qui fait défaut. Je
veux dire aux personnes hantées par le désir de
mourir que si elles sont aujourd'hui un signe des
trous noirs où notre monde risque de sombrer
faute de privilégier des valeurs d'ouverture, elles
pourraient en s'engageant à leur guérison témoigner des puissances inédites de la vie sur la mort.
La vie tient d'autant plus à vous que vous êtes
irremplaçables au même titre que votre visage est

unique. Si vous manquez ou avez manqué d'une main ouverte, essayez de tendre la vôtre vers quelque chose ou quelqu'un en dehors de vous : un chat, des enfants du quartier, de la musique, quelques fleurs, un loisir créatif. Tendez l'oreille puis ouvrez la main. Si banal ou insignifiant que vous paraisse ce contact ou ce petit pas, sachez qu'il vous dresse déjà contre le repli sur soi dont notre monde semble vouloir mourir.

Vous penserez peut-être que je n'ai pas idée de l'effort que vous coûterait le moindre geste d'ouverture. Détrompez-vous. C'est dans une profonde détresse que j'ai amorcé mes propres options minimales en faveur d'une remontée. Je me souviens d'avoir tenu la caisse d'un comptoir de la Saint-Vincent-de-Paul quelques heures par semaine pour m'obliger à sortir de mon coin et croiser des visages. Par ailleurs, si, à titre d'intervenante, j'ai vu échouer des tentatives de guérison, j'ai aussi vu des résurrections de personnes profondément abîmées, et la plus éclatante concerne une femme éminemment mal-en-point. Elle habitait dans un quartier bien nanti, voisin du Centre communautaire mentionné précédemment. Sa guérison s'est amorcée dans un pas on ne peut plus petit.

# LA ROBE DE NUIT

Johanne s'était mariée malgré de lourds épisodes dépressifs, ce qui n'avait fait qu'aggraver son état. Dans les pires moments, elle avait séjourné dans un hôpital psychiatrique où, entre autres, des chocs électriques lui avaient été administrés. À l'époque de notre rencontre, elle partageait l'appartement d'un honnête travailleur qui – le cœur a ses raisons – en avait fait sa compagne. Elle se berçait des journées entières devant leur poste de télé, fumait cigarette sur cigarette et engouffrait tous les jours une incroyable panoplie de médicaments : contre la peur, contre la nervosité, contre l'insomnie, contre les migraines, contre une lassitude chronique, etc. La somme s'élevait à seize pilules.

Johanne sortait rarement, mais quand elle y était obligée, elle se rendait à l'arrêt d'autobus en taxi parce que des peurs l'assaillaient dès qu'elle mettait le nez dehors. Elle devait notamment se présenter chez les spécialistes de l'hôpital psychiatrique qui, d'une saison à l'autre, lui demandaient des nouvelles de sa santé, puis remettaient à jour sa complexe médication. Nous allions apprendre plus tard la terreur que lui inspiraient ces retours dans les plus cauchemardesques corridors de son histoire.

Un après-midi d'hiver, en descendant de l'autobus, son attention fut attirée par des groupes de personnes qui, en face, entraient et sortaient d'une ancienne école. Sans trop s'en rendre compte, elle leur emboîta le pas et se trouva sur le seuil d'un Centre communautaire. Lucie, l'infirmière de rue, la remarqua. La voyant s'approcher, Johanne lui fit comprendre avec un minimum de mots qu'elle n'avait besoin de rien du tout, mais voulait simplement savoir ce que tout ce monde faisait dans cette bâtisse. L'infirmière la dirigea vers le banc du couloir tout en répondant à sa question, puis elle lui offrit un café que Johanne restera toujours étonnée d'avoir accepté. Au bout d'un moment, elle voulut partir et demanda la permission de revenir un jour ou l'autre s'asseoir au même endroit *juste pour regarder les gens*.

Au bout de quelques jours, Johanne accepta de visiter toute la maison. Sur le parcours des classes converties en cuisine, en ateliers, en bureaux ou en salles de réunion, elle remarqua plusieurs plantes assoiffées. Elle qui ne gardait pas la moindre verdure dans son propre logis prétexta l'arrosage bénévole de quelque lierre ou rhododendron pour justifier ses allées et venues dans

ce que les gens du milieu appelaient « La Boîte
à tout le monde ».

Les semaines passèrent. Les plantes se redres-
saient, mais Johanne s'enfuyait quand, aux heures
de pointe, survenait la cohue des enfants ou quand
les adultes inscrits aux ateliers tentaient de lui
adresser la parole. Vers le milieu de l'été, néanmoins, l'infirmière lui annonça qu'un groupe de
femmes *qui en arrachaient pas mal* allaient se réu-
nir chaque semaine avec deux animatrices du
Centre pour tâcher d'améliorer leur sort ; du reste,
cet atelier ne coûtait rien. *Je vais y penser*, avait dit
Johanne. Lucie insista.

J'avais longtemps hésité à faire de l'animation auprès d'un groupe de femmes si mal-en-point, mais
cet automne-là, la responsable du secteur m'avait
dit : si tu ne fais rien pour elles, qui fera quelque
chose ? On désigna une stagiaire en Service social
pour partager l'animation et des treize femmes qui
se présentèrent à la première rencontre, seules cinq
décidèrent finalement de poursuivre la démarche.
Mais ces cinq-là allaient tenir pendant cinq ans
selon un rythme décroissant.

Johanne, comme les autres, arrivait à l'heure tous
les mardis après-midi. Elle entrait dans la classe
en fixant le plancher, tenant d'une main ses

cigarettes et son sac à main, puis de l'autre une ca-
nette de *Seven Up*. Elle prenait toujours la même
place à la grande table, c'est-à-dire la plus éloi-
gnée de la mienne. Elle marmonnait un « bon-
jour » sans lever les yeux et, une fois installée, elle
ne bougeait plus, ne regardait personne et n'ouvrait pas la bouche. Elle se taisait si fort que nous
ne savions pas si elle nous écoutait, ni même si elle
nous entendait.

Le reste du groupe s'animait néanmoins de plus
en plus. Nous avions fixé des objectifs pour ainsi
dire « de réveil » et notre rôle d'animatrices consis-
tait à donner le coup de pouce qui encouragerait
ces femmes à porter le regard au-delà de leurs
quatre murs, à diriger leur énergie sur autre chose
que l'amertume, quitte, ensuite, à partager ce qui
s'y découvrait. Autant de rencontres toute simples
qui, de fil en aiguille, nous faisaient réfléchir sur
l'autonomie, l'agressivité, la santé, les activités pa-
rentales, etc. Les yeux s'agrandissaient ; l'apparence générale prenait de la coquetterie ; on
s'inscrivait qui à l'atelier de céramique, qui à ceux
du tricot, de la peinture, de la culture physique ou
de l'art culinaire. Mais Johanne ne bougeait toujours pas. Progressivement, les femmes se mirent
à fréquenter d'autres ateliers, à se visiter entre elles
et, à chaque semaine, nous reprenions nos
échanges. De graves décisions, ou de profonds

malheurs, ou de lourds chagrins étaient à l'occasion déposés sur la table, mais on riait aussi beaucoup. Les rencontres duraient plus de deux heures
entrecoupées d'une légère collation de plus en plus
souvent fournie par l'une ou l'autre.

Par les grandes fenêtres de la pièce, nous avons pu
voir passer un lumineux septembre, filer l'été des
Indiens, s'envoler les feuilles des rares arbres et
tomber les premiers flocons de neige..., Johanne
ne bronchait toujours pas. Elle s'amenait assidû-
ment avec le même gilet vert foncé sur des épaules
légèrement voûtées, la même permanente dans les
cheveux et son visage inexpressif. Quand le groupe
venait me confier le malaise où le mettait son silence, je les rassurais tant bien que mal en souli-
gnant que, toute muette qu'elle fût, Johanne n'en
continuait pas moins de venir, et en taxi s'il vous
plaît. Instinctivement, je souhaitais qu'on respec-
tât rigoureusement son attitude, et jamais la
moindre question ne lui fut adressée.

Un mardi de janvier, nous échangions sur la difficulté de prendre des décisions et Johanne glissa
tout bonnement :
— *Moi, mon problème, c'est que je garde ma robe
de nuit tout l'avant-midi.*

Puis elle se tut.

Les mots ne pourraient pas décrire le puissant effet de sa voix sur tout le groupe. Sentant les regards tournés vers moi, je me dirigeai vers le tableau qui ne nous avait encore jamais servi. Sans trop réfléchir, j'esquissai une colline au sommet de laquelle j'illustrai par un « X » la robe de nuit de Johanne. Puis, comme une boule de neige sur une pente neigeuse, je le fis descendre et grossir progressivement jusqu'à la ligne du sol, tout en faisant à peu près le commentaire suivant :

*Johanne vient d'ajouter une piste bien précise pour approfondir notre réflexion : il est difficile d'être énergique quand on remet à plus tard une chose après l'autre. On néglige tout d'abord de s'habiller, puis on ne fait pas la lessive qui attend, puis on mange sur le pouce, puis quand arrive le temps de penser au souper des enfants, on a l'impression qu'une montagne nous déboule sur les épaules....*

*Puis on ne fait jamais rien*, continua Johanne. *C'est vraiment ça, mon problème.* Et chacune d'illustrer comment, *c'est donc vrai*, elle négligeait ici ou là de prendre des décisions. Les exemples fusaient et Johanne intervenait comme si de rien n'était. Une discrète et indicible joie s'était mise à circuler dans la pièce, comme si nous savourions une victoire inespérée au terme d'un combat souterrain. *C'est moi qui apporterai la prochaine collation,* conclut Johanne pour nous interloquer tout à fait.

Les semaines suivantes, elle nous tint le crachoir pendant des heures et des heures. *Vous avez eu votre temps, c'est à mon tour.* Elle nous introduisit pas à pas dans ses spectaculaires relevailles. D'abord, elle s'habilla dès son lever tous les matins. Elle lava ses rideaux, peignit un placard, décida de venir aux rencontres à pied, changea sa coiffure et prit de la couleur aux joues qu'elle avait d'ailleurs entrepris de remplumer avec autre chose que des sandwiches au beurre d'arachides. Elle se mit à visiter une autre participante, commença de s'interroger sur le bien-fondé de tant de pilules et, nous n'en espérions pas tant, elle s'informa bientôt des ateliers auxquels elle pourrait s'inscrire, *même si je ne sais rien faire*, précisa-t-elle. À la fête communautaire de l'année suivante, au cours d'une parade de mode organisée par l'atelier de couture, elle tenait à montrer la blouse sortie de ses mains : *Je vais entrer la première parce que, c'est bizarre, tout le monde est trop gêné!* Entre-temps, notre groupe l'avait aidée à franchir ses visites au psychiatre qu'elle craignait comme un enfant turbulent tremble à la vue d'un policier. Chaque rendez-vous était précédé d'un détour par le bureau d'un psychologue qui lui demandait comment elle se sentait et celui-ci se montra parfaitement

dérouté quand elle lui signala qu'elle ne reviendrait
plus s'il la laissait encore poireauter aussi longtemps dans la salle d'attente. Par petites bribes, elle
nous révélait de quels abîmes elle remontait et partageait avec notre groupe chacune de ses victoires
en faveur de la vie. Ce n'est pas tout.

À force de poser les yeux au-delà de ses quatre
murs et de diriger son énergie sur autre chose
que l'amertume, Johanne remarqua tout près de
chez elle des enfants mal en point dont elle décida de s'occuper. Elle adressa également la parole à ses voisins de palier, tomba amoureuse de
leurs enfants et aida la jeune mère à traverser
une grossesse difficile. *Quand je pourrai nager
sur le dos, je saurai que je ne suis plus dépressionnif*
(sic), nous avait-elle confié. Un beau jour, ras-
semblant toute la confiance dont elle était capable, elle nagea sur le dos. Les plus résistantes
pilules prirent le chemin de la poubelle, puis, re-
nonçant aux prestations sociales, Johanne entra
sur ce qu'on a convenu d'appeler le marché du
travail. Elle cessa de fumer cinq ou six ans plus
tard, ouvrit un petit commerce et donna entre-
temps de sacrés coups de main psychologiques
à son compagnon qui se mit en affaires, puis à sa
propre famille déprimée pour ainsi dire de mère
en filles. Depuis ce temps, Johanne déclare à qui
veut bien l'entendre qu'elle est née à 35 ans.

*Je suis un miracle*, répondait-elle aux animateurs du Centre quand ils s'exclamaient de lui découvrir aussi belle allure. *Suis-je un miracle*, me demanda-t-elle carrément un jour où je dînais chez elle? *Miracle vient d'un mot latin qui signifie « étonnement » ou « émerveillement »*, lui avais-je répondu. *Tu nous as tous tellement éblouis, Johanne, que, dans ce sens-là, tu es un vrai miracle!* Vu d'aujourd'hui, je crois lui avoir donné une réponse exacte : le vrai miracle, c'est elle qui l'accomplissait d'autant mieux de jour en jour que nous en étions littéralement ébahis. Il y a dix-neuf ans de cela et Johanne est encore en pleine possession de ses moyens.

Cette expérience compte certainement parmi les plus spectaculaires leçons professionnelles que la vie m'ait données. Elle a fait chavirer beaucoup de mes convictions théoriques antérieures et elle m'a révélé les puissances insoupçonnables de la solidarité humaine.

Quelques années plus tard, Johanne a voulu se prémunir contre de potentielles insomnies et prit rendez-vous avec le psychiatre d'une clinique de quartier pour obtenir une prescription. Celui-ci insista pour consulter d'abord son dossier psychiatrique. Quand elle s'amena au second rendez-vous :

— *Madame, vous allez m'expliquer ce qui s'est passé.*

— *Pardon ?*

— *Ce que je lis dans ce dossier et la personne devant moi n'ont aucun rapport. Expliquez-moi.*

— *J'ai fréquenté le Centre communautaire.*

— *Le Centre communautaire ?*

En fait, Johanne aurait pu préciser :

— *Un jour, je suis descendue d'un autobus et j'ai été refoulée dans une école désaffectée remplie de monde, puis j'ai accepté de boire un café avec une femme inconnue. Plusieurs mois plus tard, j'ai décidé de prendre la parole devant un groupe, puis de m'habiller en me levant... C'était parti! De si petits pas, docteur, le croirez-vous ?*

# DANS UN GRAND FAUTEUIL DE CUIR

## (SUITE)

L'homme prit tout son temps avant d'ouvrir la bouche mais, contrairement à l'habitude, il affichait un certain sourire.

– *Finalement, je l'ai acheté ce chien.*

– *Ah ?*

– *Je ne l'aimerai pas tout de suite.*

– *Non ?*

– *Mais lui me saute dessus à tout bout de champ.*

– *Il vous apprivoise !*

Un vrai sourire cette fois.

– *Il se couche sur mon pied pendant le téléjournal, puis il s'endort le museau sur mes orteils... J'ai installé une petite barrière sur mon balcon.*

*Pour ne pas qu'il s'échappe… Il le sait que je l'aime pas encore.* (Silence) *Hier, je me suis levé du mauvais pied, justement.* Il est resté couché sur son tapis, bien tranquille, sans remuer la queue contrairement aux autres jours. *Il a compris que je n'étais pas d'humeur. Je pense même qu'il a sangloté pendant que je déjeunais.* (Silence) *Bon! Enfin. Vous ne dites rien aujourd'hui?*

– J'aime mieux vous entendre.

– On ne va pas se parler d'un chien pendant toute la séance!

– En effet, nous ne parlons pas d'un chien, mais du vôtre. Il s'appelle comment?

– En fait, c'est une chienne. Je l'ai choisie parce qu'elle me regardait…. Avec des yeux… enfin, c'est une chienne. (Silence) *Elle s'appelle Bottine. Ça m'est venu comme ça. On parle encore du chien là!*

– Vous parlez aussi de vous, non?

– Mm. Je pense que je l'aime finalement. (Silence) *La figurine, vous l'avez enlevée?*

— *Non, elle n'a pas bougé.*

—*Ah oui! Je me trompais d'étagère.* (Silence) *Elle va grandir pas mal, cette chienne, d'après le vétérinaire. Le mélange des races : ça peut créer une vigueur hybride. On verra bien. Si je trouve du travail, je prendrai peut-être un apart plus grand.*

— *Vous me parlez au futur, là.*

— *Oui, et après ?*

— *C'est la grammaire de l'espérance !*

(Bougonnement).

# LE BRUISSEMENT
# DE L'INVISIBLE

Je tourne et retourne des phrases dans ma tête ;
parfois, j'en aligne sur le papier et je jette tout à la
poubelle. Pourtant, je ne peux pas mettre fin à ce
texte sans parler un tant soit peu de la foi. Mais
qu'y a-t-il de plus vague et de plus complexe que
la croyance ? Je cherche en vain la part d'universa-
lité qui rallierait les croyants. Or, même la conception de la divinité ne fait pas l'unanimité des
fidèles de l'un ou l'autre monothéisme malgré la
source biblique qui leur est commune. Allah est
grand, proclament les musulmans ; Dieu est Un,
enseignent les juifs ; Dieu est trois Personnes,
croient les chrétiens qui glorifient le Fils incarné.
Non seulement ils ne s'entendent pas sur les traits
fondamentaux de la divinité mais ils s'entretuent
physiquement depuis des lustres, ce qui compte
parmi les plus déroutants scandales dans l'univers
de la croyance religieuse. Autant dire qu'on ne
saurait parler de spiritualité d'une manière cohérente en passant par les religions.

La spiritualité serait-elle fondamentalement une
aspiration ? une sorte de tension vers plus grand

que soi, vers plus loin que la matière ? une intuition de l'infini ? une ouverture sur l'invisible ? L'intelligence n'est pas absente de cette aspiration mais celle-ci fait appel à une autre dimension de l'être, difficile à cerner, peut-être impossible à nommer et qu'on touche le plus souvent dans le silence bien qu'elle puisse aussi bien vibrer sous l'effet de la beauté ou à l'improviste. L'intelligence est partie prenante de la réflexion spirituelle mais on ne peut pas dire que l'expérience spirituelle en soit une intellectuelle. On ne raisonne que sur ce qui est là. Or, l'infini est un ailleurs indéchiffrable qui nous attire et même nous émeut quelquefois. On parlera d'un attrait pour la Transcendance.

Comme les origines du monde et la finalité de la vie restent, pour une large part, inconnues, il n'est pas plus intelligent de nier la possibilité d'un Dieu qu'il est naïf d'y croire. On a beau découvrir l'âge des étoiles et retracer les processus de la vie, il est aussi nébuleux de penser que le cerveau humain relève finalement des jeux du hasard que de croire qu'une présence transcendante a donné une impulsion aux premiers atomes. Si l'on découvre progressivement comment fonctionnent les processus de la vie, l'enchaînement des astres ou les articulations cérébrales, c'est en raison de la logique serrée qui relie tout ce qui existe, meurt et renaît. Or, on n'a pas mieux réussi à créer de la vie en livrant des éléments naturels au hasard que des mots soumis à quelque brassage automatique ne parviennent à former une phrase cohérente. Dans le cas de l'existence par hasard, l'humanité resterait seule dans l'univers livré à lui-même ; dans le cas d'un créateur transcendant, elle aurait un Vis-à-vis tout autre qui l'a désirée au point qu'elle devienne. Ainsi, pense le croyant, l'humanité serait l'objet du désir de Dieu et, d'après les livres bibliques tenus pour sa révélation, nous aurions la liberté de prendre sur nos propres épaules la responsabilité de nous-mêmes et de la Terre où doit progresser l'histoire de la Création. Le Dieu révélé aimerait l'humanité et l'aurait interpellée par le biais de ses patriarches, puis de ses prophètes. Certaines valeurs feraient l'objet de sa préférence et c'est toujours de ces valeurs que parlent les écrivains bibliques quand ils entendent le bruissement de l'invisible. *Choisis la vie*, incarne le premier appel et, une fois la vie choisie, *cherche le droit et la justice* non pas en vertu des chartes et des législations sociales qui n'obligent qu'au minimum, mais au nom de l'amour qui, lui, n'a pas de limites. Le noyau dur de la foi monothéiste se trouve là. Le reste ressemble souvent à de vaines spéculations ou à de bien tristes exploitations.

La croyance équivaut donc à une responsabilité sans limites, et la première réside dans le choix de la vie. Il ne s'agit pas d'une injonction scandée par le maillet d'un juge. Elle s'entend plutôt comme un murmure lancé dans l'histoire ; une supplication divine à l'oreille du souffrant ; le bruissement de l'indicible dans un repli de la conscience. La longue plainte de Job en parle dans une poétique inégalée. Le prophète Jérémie la mime sur les pourtours du temple de Jérusalem.

Ce n'est pas si simple, penserez-vous peut-être. Et c'est parfaitement juste : si tout semble logique dans la création, rien n'est simple. Comment, en effet, choisir la vie quand la mort nous crie après et qu'on ne perçoit pas la moindre trace de solution à nos problèmes, quand on ne se sent plus un gramme d'énergie dans les chevilles et que les circuits du cerveau refoulent jusqu'au plus petit éclat de joie. Si vous êtes croyant, je vous suggère d'engueuler Dieu un bon coup. Pour sa part, Job lui a fait tout un procès, et il l'a gagné. « Tu as bien parlé », lui répond le Transcendant. Sous la révolte, Job a mieux parlé de l'absurdité de la souffrance réelle, la sienne en fait, que ses amis théologiens qui, pour l'expliquer, se sont égarés dans des arguments rationnels.

L'homme de ma vie avait quitté notre couple ce jour-là. Mon cœur, mon intelligence et mon âme sombraient dans un trou noir. Je perdais d'un seul

LE BRUISSEMENT DE L'INVISIBLE

coup la principale direction de mon existence.
Pendant la nuit, je me suis assise dans mon lit et,
au fil d'un étrange mouvement de balancier, je
me suis répété cent fois : « je suis une personne
entière ; je suis une personne entière,…». Sans y
croire. Je n'y croyais pas. Pas du tout. Mais je le
disais quand même, envers et contre tout, en ber-
çant mon corps cassé. Je creusais de petits trous
dans le flanc de ma falaise.

Je suis redevenue une personne entière deux ans
plus tard. Mon fils et sa belle blonde avaient eu
un bébé que je m'étais engagée à garder tous leurs
jours de travail pendant les prochaines années. J'ai
commencé un lundi matin dans la lumière d'un
automne finissant. Il avait trois mois et je lui don-
nais son biberon pour la première fois en le ber-
çant dans une chambre bleue. Pendant que le lait
descendait en lui, sa chaleur montait en moi. Je
me sentais vibrer. J'étais vivante. Je tombais dans
l'amour d'un tout petit garçon chauve et affamé.
J'avais assez engueulé Dieu, il était temps de le
bénir. Je suis croyante et, malgré des tonnes de
doute et maintes réflexions dignes d'une athée, je
crois profondément qu'il fallait un tout Autre pour
créer l'amour. Personne n'est obligé de croire en
Dieu et je pense sérieusement qu'Il n'y tient pas
autant qu'à notre option pour la Vie, le Droit et la
Justice. Vous pouvez mettre ces dernières pages à

la poubelle, je resterai contente de les avoir écrites.
Non pas que je me tienne pour un témoin, je suis
plutôt rébarbative aux témoignages et je crois
connaître chacune de mes fragilités. Je voulais
vous dire que râler aveuglément l'impossible n'est
pas sans effet. Si personne n'entend votre cri et le
croyez vous-même parfaitement inutile, il pourrait bruisser dans l'invisible. C'est là que loge notre
espérance au bout du fil.

# NE MEURS PAS

Andrée Quiviger

# POST-FACE
## NE MEURS PAS

Ce livre est fait de fragments de ce qu'il nous reste d'humain. Un texte libre qui coule dans notre esprit, qui frappe et, je l'espère, interpelle.

Ce dont parle ce livre, c'est de cette humanité faite de regards, d'échanges, d'alliances et de liens de toutes sortes avec le prochain, les voisins.

Ce livre parle de la condition humaine qui nous colle à la peau, qu'on le veuille ou pas, qui fait notre noblesse et qui autorise toujours entre nous de nouveaux départs.

Il y est question de nos partenaires de vie que sont l'arbre, la forêt, les oiseaux et tous les animaux, ce qu'on appelle la nature, celle qui assure nos liens avec un mode réel, bien terre à terre. Mon amoureuse m'annonce ainsi régulièrement son besoin pressant de reprendre contact avec la nature et la forêt, de se coucher dos contre terre et d'y refaire le plein d'énergie sans quoi on risque de sombrer dans l'épuisement ou le néant. Peut-être devrions-nous tous en faire autant.

Dans ce livre, l'auteur parle de la petite faille d'où jaillit toujours la lumière, celle chantée par Léonard Cohen, celle qui se trouve en chacun de nous mais que souvent d'autres doivent trouver et nous indiquer dans nos périodes de trop grande noirceur. Cette faille, c'est celle qui permet de faire jaillir la lumière, de recréer l'espoir de la vie, celle qu'il faut absolument trouver avant de décider de la mort, celle qui ne doit jamais s'enfuir.

Il y est aussi question de la musique qui, encore selon mon amoureuse, est programmée pour redonner l'espoir et la vie et qu'on se doit de rendre accessible à toute personne qui en ressent le besoin, surtout à ceux dont les nombreux irritants nuisent au bonheur et à l'épanouissement. La musique aurait cette caractéristique de faire jaillir l'espoir et les rêves.

« Il y a des enfants qui naissent avec une âme à fleur de peau. Les moindres irritants du réel les écorchent et, la plupart du temps, ils aiment la musique, tirent du silence comme la fleur d'un bourgeon, la musique adoucit les gerçures, contourne nos boucliers et découvre l'amour. »

Nous ne sommes pas venus sur terre pour fuir aux premières détresses. Celles-ci font partie de notre bagage humain, tout comme nos joies, nos peines, nos colères et nos passions. Pourtant, ces détresses ont le malheur de tuer ce qu'il y a de bon en nous et elles ont tendance à engourdir nos forces vives. Nous sommes plutôt venus au monde pour vivre et pour créer ; les détresses ne sont que de passage, la vie toujours nous attend.

Ce livre est un petit traité pour nous stimuler à nous créer un environnement d'espérance au-delà des détresses quotidiennes et des abominations de tous les jours.

Ce livre nous invite à devenir un sage pour quelqu'un, pour nous aider à ouvrir une brèche sur autrui, pour y faire entrer la lumière. C'est possible et incontournable.

« Ce sont des choses qui arrivent pour vrai : une explosion de beauté dans la nature, un vitrail de cathédrale, un livre puissant ou un surplus d'âme dans une personne peuvent vous toucher profondément et conforter le meilleur en vous, même chambouler la direction de votre vie, ou renverser votre échelle de valeurs. »

« De telles rencontres sont rares et ne durent parfois qu'une minute, mais elles ouvrent une brèche dans vos cachots et donnent à vos talents le goût d'aller devant. Cela peut arriver n'importe quand et n'importe où, mais les chances sont plus nombreuses si vous ouvrez votre porte et regardez devant. Parfois, le surplus d'âme arrive droit sur vous. »

Dr Gilles Julien

# REMERCIEMENTS

J'adresse ma profonde reconnaissance à Emmanuelle Quiviger, à Pascale Quiviger et à Jean-François Bouchard pour leur lecture attentive et exigeante d'un premier manuscrit de même que pour leur solide encouragement à mener ce projet jusqu'au livre. Merci à Diane Germain et à Anne Élaine Cliche pour leur amitié et leur intérêt pour cet ouvrage.

Je n'aurais pas publié ce livre sans les commentaires éclairés et généreux de Philippe Angers, Isabelle Bélanger, Frédéric Boisjoly, Vanessa Legaut et Michel Presseault. Mille mercis.

# DU MÊME AUTEUR

*L'Éden éclaté*, Montréal, Leméac, 1981

*Au coin de la quarante-septième*, Montréal, Leméac, 1983

*Entre le fleuve et l'infini*, Montréal et Paris ; Bellarmin et Le Cerf, 1988

*Des petits bouts d'éternité*, Montréal, Novalis, 2001

*Casser maison*, « Les Inclassables », Montréal, Bayard Canada, 2007